VICTOR FOUR...
BIBLIOTHÈQUE HISTORIQUE ET ... LITTÉRAIRE
VACANCES
D'UN
JOURNALISTE
Huit jours dans les Vosges.
De Paris à Madrid.
Simple coup-d'œil sur Londres.
À travers l'Allemagne et l'Autriche-Hongrie.
PARIS
ÉDOUARD BALTENWECK, ÉDITEUR
7, rue Honoré-Chevalier, 7

VACANCES

D'UN JOURNALISTE

PARIS. — IMPRIMERIE DE E. MARTINET, RUE MIGNON, 2.

VICTOR FOURNEL

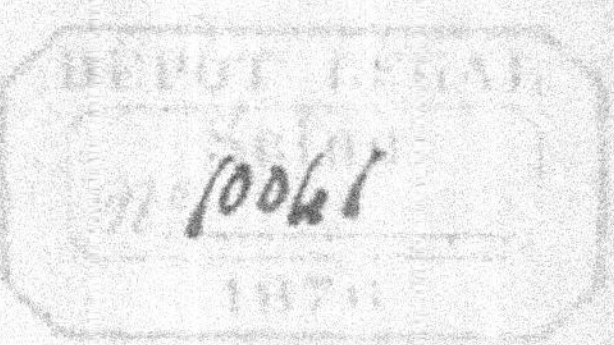

BIBLIOTHÈQUE HISTORIQUE ET LITTÉRAIRE

VACANCES

D'UN

JOURNALISTE

Huit jours dans les Vosges.
De Paris à Madrid.
Simple coup-d'œil sur Londres.
A travers l'Allemagne et l'Autriche-Hongrie.

PARIS

ÉDOUARD BALTENWECK, ÉDITEUR

7, Rue Honoré-Chevalier, 7

HUIT JOURS

DANS LES VOSGES

HUIT JOURS
DANS LES VOSGES

I

Plombières, 19 août 1868.

Vous connaissez, mon cher directeur, la vieille histoire de madame Scarron remplaçant le rôti par une anecdote. Permettez-moi de vous la rappeler, en guise d'exorde insinuant, au début de cette lettre. Je ne suis pas madame Scarron, et je n'ai point la prétention de servir du rôti à mes convives habituels de chaque lundi; mais, à cela près, ma situation est exactement la même que la sienne. En fait de nouveautés, je n'ai guère vu ici aux devantures des libraires que la dernière édition de la *Cuisinière bourgeoise* et des *Recherches sur les vertus curatives des eaux de Plombières*. Au lieu donc d'une

revue littéraire, qu'il me serait bien difficile de
vous adresser du fond des Vosges, permettez-
moi de vous tracer le récit à vol d'oiseau de
mon excursion à travers cette miniature de la
Suisse, que les touristes ne connaissent pas
encore assez, bien qu'ils aient commencé depuis
dix ans à en apprendre le chemin.

J'ai été enlevé de mon domicile le 17 août à
huit heures du soir, et porté à bras tendus,
malgré une molle résistance, jusqu'à un fiacre
qui stationnait sous mes fenêtres dans une
intention coupable, et qui partit tout aussitôt
au galop le plus furieux que puissent prendre
deux haridelles, fouettées à tour de bras par un
cocher à qui l'on a promis cinquante centimes
de pourboire. Les ombres de la nuit couvrirent
le rapt perpétré par un provincial sur la personne d'un critique. Une demi-heure après, le
fiacre abordait au chemin de fer de l'Est, sans
qu'aucun gendarme eût suivi nos traces; et le
lendemain, vers l'aube, après avoir senti vaguement qu'on me transvasait dans une voiture
mal capitonnée, dont les cahots remplirent
d'inquiétudes et de soubresauts les dernières
heures de ma nuit, je m'éveillai à Plombières,
ce qui suppose nécessairement que je m'étais
endormi, bien que j'aie oublié de vous le dire.

Qu'allais-je faire à Plombières ? En vérité, je

n'en sais rien du tout. Demandez-le à mon ami, seul responsable de cette escapade. On a vu des Parisiens y accourir, en partie fine, du fond des arcades de la rue de Rivoli, dans l'intention délirante d'y contempler l'empereur en calèche découverte : mais l'empereur n'y était plus; presque tous les baigneurs sont partis depuis le 15, et je n'ai jamais connu, grâce à Dieu, ni l'hypocondrie, ni la gastralgie, ni la dyspepsie, ni les affections ganglionnaires de l'estomac ou des intestins, ni rien de ce qui se guérit, ou ne se guérit pas, par les eaux minérales, savonneuses et ferrugineuses. Le carbonate de soude et moi ne nous sentons jusqu'à présent aucun penchant l'un pour l'autre. A ces réflexions, exposées avec une légitime amertume, mon ami me répondit qu'il fallait bien aborder les Vosges par un bout, et que d'ailleurs il est prudent, surtout à un journaliste qui parle de douches, de ne jamais dire : « Fontaine, je ne boirai pas de ton eau. »

Me voici donc à Plombières. C'est une bourgade pareille à une ville, avec ses hautes maisons en pierres de taille, bordées de balcons, ses nombreuses promenades, ses vastes hôtels et sa moderne église gothique, qui ressemble à la cathédrale de Strasbourg comme M. de Salvandy à Chateaubriand. Mais, rassurez-vous :

je ne veux pas faire concurrence aux *Guides-Joanne*, et je ne pousserai pas la description plus loin.

Quelques baigneurs, attardés par les derniers beaux jours, errent çà et là d'un pas languissant, et leur vue ne me donne aucune envie de boire dans le même verre qu'eux. Les eaux de Plombières se prennent en boissons, se prennent en bains, se prennent en douches, se prennent de toutes les façons. On les emporte même en bouteilles. Les amateurs peuvent en faire de véritables orgies et s'enivrer, sans crainte d'épuiser la cave, à la coupe que la naïade minérale leur verse à tous les coins de rue. De dix en dix pas, vous rencontrez un établissement *ad hoc* qui vous fait les yeux·doux : le *Bain Tempéré*, le plus hanté de tous et l'un des moins séduisants; le *Bain Romain*, d'une architecture originale, bâti sur l'emplacement d'une espèce de piscine de Siloé, où plus de cinq cents hommes pouvaient tenir à l'aise, et surgissant du pavé de la Grande-Rue sous l'aspect d'un étage demi-souterrain, surmonté d'une vitrine qui offre la forme d'un dôme oblong; puis le *Bain des Dames*, dont l'extérieur ne répond ni à son titre poétique, ni au renom de ces illustres chanoinesses de Remiremont, qui en étaient jadis les propriétaires.

Il y a même le *Bain des Capucins*, n'en déplaise à M. Sauvestre. Il y a encore le *Bain Impérial*, qui était le *Bain National* en 1848, le *Bain Royal* en 1830, et qui, par une coïncidence fâcheuse, qu'il suffira de signaler au zèle de la municipalité locale, repose sur les *Étuves de l'Enfer*; enfin, par pléonasme, les *Bains Napoléon*, ambitieusement qualifiés de *Thermes*, et bâtis hors la ville, entre deux vastes hôtels qui feraient l'orgueil d'un boulevard de M. Haussmann. A côté, on a construit je ne sais quelle machine à vapeur, pour réchauffer à la température voulue l'eau des sources, refroidie par un si long trajet. Si j'étais baigneur, il me semble que je me soucierais médiocrement d'une eau minérale réchauffée par la vapeur : les habitués des *Thermes Napoléon* me font l'effet de buveurs qui boiraient du vin de Champagne fabriqué avec de l'acide tartrique; mais c'est une affaire de goût, et je reconnais volontiers mon incompétence.

J'ai visité les *Thermes Napoléon* : beau bâtiment, architecture classique et rectiligne, où l'on a employé une respectable quantité de granit et de marbre. Les colonnades ne sont pas ménagées non plus. J'y ai vu dans les cabinets la plus jolie collection d'appareils balnéaires suivant la formule : bains de pieds, bains de siège, bains de corps, douches en couronne, douches en cerceau, vulgairement surnommées douches en crinoline; douches en jet ou en pluie, douches qu'on reçoit avec un casque sur la tête pour tout vêtement, comme les Romains des tableaux de David. Toutes ces petites machines sont fort jolies à voir fonctionner, et, pour employer une image pleine de couleur locale, vous font venir l'eau à la bouche. Le cicérone de l'établissement, Vosgien bénévole et paterne, me conviait à en tâter, et ne comprenait pas qu'on pût se refuser cette petite partie de plaisir. Malgré l'occasion et l'herbe tendre, j'ai obstinément résisté à la séduction: il paraît que ces douches guérissent de la folie, mais j'ai eu peur qu'elles ne me rendissent fou.

Plus encore que les établissements de bains, les eaux minérales sont partout à Plombières. Il en coule entre chaque pavé. Dès que vous mettez le pied dehors, votre oreille est assaillie par un bruit de source jaillissante, ou de cascade qui roule sur une pente de six pouces avec un fracas aussi audacieux que si elle tombait de cent pieds de haut. Sous une arcade de la Grande-Rue, au pied d'un Christ, coule, par trois robinets, la tiède *Fontaine-du-Crucifix*, où tout venant peut puiser. M. Guizot a donné son nom à une fontaine

réactionnaire, qui, après l'avoir perdu un moment dans la bagarre de 1848, l'a repris depuis
sans vergogne. N'y a-t-il point par là un préfet
pour veiller aux manœuvres des vieux partis?
Dans les bois environnants, vous rencontrerez
la *Fontaine Stanislas*, qui est charmante, et
jaillit d'un rocher ombragé d'un grand chêne,
comme la source miraculeuse de Moïse. Mais
prenez garde : il y a des vers; que dis-je? des
vers de Campenon! Est-ce pour cela que la
Fontaine Stanislas est un peu négligée par le
touriste méfiant?

Plombières se cache en entier dans un repli
des Vosges qu'on peut qualifier, *ad libitum*,
de *vallon* ou de *trou*, suivant qu'on appartient à l'école classique ou à l'école réaliste.
Les maisons s'adossent aux montagnes, qui
grimpent par-dessus les toits pour regarder
curieusement dans la rue. Les promenades pittoresques abondent aux alentours; peut-être
y en a-t-il trop : elles se nuisent les unes aux
autres. Je ne parle pas des promenades civi-
lisées, dont le beau désordre est un effet de
l'art. Quelques-unes des plus célèbres ont été
absorbées en partie par la création du vaste
parc impérial, aux avenues sinueuses, aux ca-
pricieux accidents de terrain, embelli par une
sorte de lac où voguent les inévitables cygnes

des jardins publics, sillonné en tous sens par le
cours limpide de l'Eaugronne, plein du clapote-
ment des eaux, du bouillonnement des sources
et du murmure harmonieux des cascades, auquel il ne manque, en un mot, pour en faire
un *séjour* enchanteur, que des arbres plus vieux
et des ombrages plus épais. Mais les sentiers
escarpés qui montent aux sommets voisins,
les bois suspendus sur les gorges des montagnes, les vallées tortueuses, étroites et profondes, taillées en plein granit par la nature,
et qui environnent Plombières de toutes parts
au risque de l'étouffer, ménagent par centaines
aux touristes les aspects les plus gracieux, les
plus sauvages et les plus imprévus.

Les promenades par excellence des alentours
de Plombières sont l'*Ancienne Feuillée*, la
Nouvelle Feuillée, et la *Feuillée Magenta*,
situées toutes trois à quelques kilomètres de la
ville. La première a pour gardienne et pour
nymphe une vieille fille, presque illustre dans
le pays, mademoiselle Dorothée, qui accueille
les visiteurs, dans sa jolie maisonnette, avec
une urbanité d'ancien régime, et prend plaisir à
leur expliquer elle-même l'incomparable point
de vue dont on jouit de son balcon. Mademoiselle Dorothée, semblable aux bonnes vieilles
fées des contes de Perrault, a une foule de ta-

lents, dont quelques-uns sont à craindre : elle
est poëte, et de plus musicienne ; pour peu que
vous y teniez, peut-être même si vous n'y tenez
pas, elle vous dira de ses vers, et vous jouera
des airs de sa composition sur les instruments
du pays. Lorsqu'elle n'était âgée que de quarante ou cinquante ans, mademoiselle Dorothée
devait être tout à fait séduisante. Mais elle a
une rivale sérieuse dans la personne de Madame Serret, qui trône à la *Feuillée Magenta.*
Si mademoiselle Dorothée fait des vers, madame Serret en récite ; elle joue de l'épinette
avec tout autant de brio, elle fait les honneurs
de son chalet, de son point de vue et de ses
rafraîchissements avec tout autant de belles
grâces, avec une humeur aussi accorte et aussi
prévenante ; enfin, elle a bien dix ans de moins,
ce qui est quelque chose, quoique ce ne soit
peut-être pas assez.

La Muse d'Homère eût seule pu chanter
dignement les luttes et les procès épiques de
ces deux sœurs ennemies. Quand l'empereur,
dans un de ses séjours à Plombières, fit visite
à la maisonnette de mademoiselle Dorothée,
le cœur de madame Serret s'émut. Saisie d'une
noble émulation, elle alla le lendemain, en
triomphant arroi, parée comme une châsse,
gantée jusqu'aux coudes, portant sa tête avec

la dignité d'un Saint-Sacrement, présenter au chef de l'État les clefs de son chalet dans une assiette de porcelaine en lui faisant valoir le nom patriotique de son établissement. Celui-ci ne résista pas à une démarche aussi mémorable : il vint à la *Feuillée Magenta*. Madame Serret vous montre l'endroit où il posa le pied pour s'accouder au balcon ;

> Et son pied s'est arrêté là !

Elle vous répète la phrase, désormais historique dans son souvenir, par laquelle il témoigna son admiration :

> Il me dit : Bonjour, ma chère,
> « Bonjour, ma chère.

Malheureusement aussi, elle vous répète les vers alexandrins, semés d'apostrophes et de prosopopées, que l'empereur reçut à bout portant sur le seuil : « Voyons, mon enfant, dit-elle à sa petite fille, *suppose* que monsieur soit l'empereur, et récite-lui tes vers, en y mettant le ton. » J'eus beau me récrier contre la supposition, il fallut subir les conséquences de cette hypothèse et la tirade jusqu'au bout. J'ai négligé d'en demander copie, et je crains que cet oubli ne m'ait porté un grave préjudice dans l'esprit de l'excellente femme.

De la balustrade du chalet, juché comme un nid d'oiseau sur l'extrémité du roc, on jouit d'une des vues les plus magnifiques, les plus variées, les plus vastes, j'allais dire les plus féeriques des Vosges et de la France entière. Devant vous, dans un horizon de plusieurs lieues, la *Vallée des mousses* et la *Vallée d'Ajol* se déploient en éventail à droite et à gauche, entourés d'un cadre de sombre et vigoureuse verdure, semées d'îlots d'arbres, de ruisseaux, de villages dont les maisons blanches semblent s'éparpiller sur l'herbe comme les perles d'un collier rompu, dominées dans le lointain par cinq plans de montagnes, qui fuient les unes derrière les autres en se superposant à l'horizon, jusqu'aux cimes des Alpes, semblables à une frange de vapeur qui borde le bleu du ciel. On m'a montré la ville de Besançon, visible à l'œil nu de ce point du rocher. L'impartialité me fait un devoir de convenir que je ne l'ai pas aperçue, mais je suis si myope qu'on n'en peut rien conclure. Bref, c'est là un de ces panoramas éblouissants, qu'on emporte comme une vision gravés pour toujours dans un coin de l'œil, mais sans même essayer de les rendre sur le papier.

J'ai emporté en outre une épinette du Val d'Ajol, que madame Serret (ou madame Magenta, comme on l'appelle vulgairement dans le pays) m'a vendue au prix modique de 4 francs, après m'avoir préalablement fasciné, en exécutant avec une furie toute française, sur cet instrument primitif qui doit remonter au temps de Jubal et de Tubalcaïn, le *ranz des vaches* et la chanson de *Malbrouck*. Figurez-vous un manche de guitare avec cinq fils de laiton, dont les deux premiers reposent sur une quinzaine de pointes, recourbées en forme d'arche et marquant la séparation des notes de la gamme. Pour jouer un air quelconque, la main gauche, armée d'un crayon, appuie successivement sur ces deux premiers fils comme sur les touches d'un piano, à la note que l'on veut produire, tandis que de la droite on fait voltiger une légère plume d'oie sur les cinq cordes à la fois. Cette opération élémentaire produit une musique d'une originalité bizarre, qui tient en même temps du biniou, de la musette et de la chanterelle.

Le Val d'Ajol n'est qu'un village, mais un village de sept mille habitants, divisé en plus de soixante hameaux et renfermant une vingtaine d'écoles. Il date du huitième siècle, et compte maint souvenir intéressant dans ses annales. Mais ce qu'il y a de plus intéressant au Val d'Ajol, ce ne sont ni ses souvenirs, ni son église du quatorzième siècle, ni son site admirable, ce sont les Fleurot.

Qu'est-ce donc que les Fleurot? de simples rebouteurs, mais des rebouteurs comme on n'en voit guère, des rebouteurs à la renommée sans pareille, consacrée dans le pays par une tradition de plusieurs siècles, et qui gardent dans leurs archives des états de service dont s'honorerait la plus illustre des dynasties médicales. Ils sont de la famille de ces *maires* du moyen âge, chantés par les jongleurs et les trouvères, et de ces grands empiriques du dix-septième siècle : Caretti, le frère Ange, le prieur de Cabrières, le chevalier Talbot, le chevalier Digby et tant d'autres, qui avaient souvent l'audace de guérir en dépit du bon sens les malades que d'Aquin et Fagon tuaient suivant toutes les règles.

Les Fleurot comptent parmi les curiosités naturelles des Vosges. De tous les bouts de la Lorraine on vient les voir en pèlerinage. Le montagnard voisin croit en eux comme en son catéchisme, et leur habileté est un article de foi dans un rayon de cinquante à cent kilomètres. La Providence les a fait naître et se perpétuer dans un pays de montagnes, où les fractures et les luxations fleurissent comme la fièvre jaune au Mexique et le goître dans le Valais. Ils ont démenti le proverbe : « Nul n'est prophète dans son pays » ; et le prestige de la famille n'a rien eu à souffrir jusqu'à présent des atteintes du temps. Les docteurs de la Faculté de Paris eux-mêmes, dont la tolérance envers les empiriques est le moindre défaut, respectent leurs priviléges héréditaires, et permettent à cette vieille race de paysans, qui a fait souche de bourgeois, de guérir sans patente tous les pieds, tous les bras et tous les genoux souffrants des alentours.

Les Fleurot ont leur histoire et leur légende. On raconte que les ducs de Lorraine leur avaient permis de se faire accompagner par les cavaliers de la maréchaussée, pour se défendre contre les attaques des chirurgiens jaloux. Ils étaient exempts des levées de la milice. Le duc François III voulut les anoblir au dernier siècle, et se heurta contre un refus inflexible, basé non sur le mépris des titres, mais sur la crainte que l'orgueil ne déterminât les descendants de la famille à renoncer à l'exercice de leur profession et à laisser perdre le secret bienfaisant transmis par les ancêtres. Un trait véridique, choisi entre cent, donnera la juste mesure de leur talent et de leur modestie : il m'a été conté par le conducteur de la voiture de Plombières à Remiremont, et je le consigne ici tel que je l'ai recueilli de sa bouche, pour l'édification de mes lecteurs :

« Il y avait une fois un roi de France qui s'était démonté la mâchoire à force de bâiller. Les médecins de la cour y avaient perdu leur latin. On fait venir le père Fleurot. Il arrive avec ses souliers ferrés et son air de paysan. Les seigneurs, les chirurgiens et tout le tremblement étaient là, dorés sur tranche, qui riaient de lui, en le voyant entrer. Mon Fleurot riait en lui-même de les voir rire. Il passe d'abord près du roi, sans rien dire, en le guignant de côté. Voilà tout le monde qui haussait les épaules. Mon Fleurot va jusqu'au bout de la chambre, revient en se dandinant, les mains dans ses poches, et en passant près du roi, sans faire semblant de rien, vlan! il vous lui flanque un bon coup de poing sous la mâchoire. Mes fainéants se jettent tous sur lui pour l'arrêter : « Imbéciles, crie le roi, je suis guéri! » C'était vrai. — « Fleurot, qu'il dit, je te fais baron. — Merci, sire, je n'en mange pas. » Et deux jours après il était revenu au Val d'Ajol avec ses souliers ferrés. — Voilà ce que j'appelle un homme! »

Je ne puis mieux clore ma première lettre que sur ce beau trait, qui porte en soi, comme on a dû s'en apercevoir en le lisant, toutes les garanties d'authenticité désirables.

II

De Plombières à Remiremont, la route est singulièrement pittoresque, et je vous en ferais une belle description si la nuit n'avait régné sur la scène pendant tout le trajet. Çà et là du moins la lune complaisante estompait vaguement les contours du paysage, détachait un pan de montagne sur l'horizon, et découpait dans la pénombre un décor qui eût fait merveille au troisième acte de *Robin des Bois*.

La ville de saint Romaric, aujourd'hui simple sous-préfecture de cinq mille habitants, compte dans ses annales les plus anciens et les plus glorieux souvenirs historiques, — des souvenirs profanes et des souvenirs sacrés. Le maître de l'hôtel où je suis descendu m'a assuré que les Romains avaient bâti un camp sur une des montagnes qui l'entourent. C'est bien possible : où ces terribles hommes n'en avaient-ils point bâti? J'en suis encore à trouver, dans mes voyages, la ville qui n'ait pas ses restes de camp romain, objet d'orgueil, de recherches sans cesse renouvelées, de dissertations rivales et de lectures publiques pour les archéologues de l'endroit. Cette même montagne servit de retraite, dans les premiers siècles, à de pieux solitaires, qui ont légué leur nom à tous les villages environnants et font à la ville de Remiremont comme une couronne mystique. La cime et les flancs du Saint-Mont se couvrirent de monastères, qui s'étendirent peu à peu jusque dans la vallée, devenue une sorte de Thébaïde.

C'est aux religieuses de ces temps lointains que se rattache, comme à son premier anneau, cet illustre chapitre de chanoinesses qui, du septième au dix-huitième siècle, alla toujours grandissant en renom, en richesse et en puissance ; qui marchait de pair avec les plus hautes institutions du royaume de France, et dont l'autorité ne le cédait en rien à celle des ducs de Lorraine en personne. Nul n'y pouvait entrer sans prouver quatre lignes paternelles et maternelles, et sans établir que chaque ligne remontait au delà de deux siècles et que l'origine était d'épée. Comblé de priviléges par les Papes et les souverains, le chapitre de Remiremont régnait sur soixante-quatorze seigneuries, tant grandes que petites, battait monnaie, rendait la justice, percevait des impôts et levait des troupes. L'abbesse, véritable reine féodale, avait titre de princesse d'Empire. Elle faisait à Remiremont une entrée solennelle, comparable à celle du Roi dans sa bonne ville de Paris, sous un dais à panache, au son des cloches, au bruit des arquebusades, à travers les rues semées de fleurs et décorées de tapisseries, escortée par la milice urbaine, haranguée par les officiers municipaux et les députations des corps de métiers, précédée de ses grands officiers et de son sénéchal, qui portait sa crosse ou plutôt son sceptre.

Parmi les droits et redevances dont elle jouissait, quelques-uns pourraient fournir un sujet d'intéressantes recherches aux érudits locaux, si les érudits de Remiremont, comme ceux de tous les pays, ne préféraient généralement s'occuper de l'histoire des Romains plutôt que de leur propre histoire. Ainsi, l'une des paroisses de l'abbaye était tenue de lui apporter solennellement, chaque année, deux *rochelles* de neiges, que ses envoyés venaient déposer pendant la grand'messe devant les stalles de l'abbesse et de la doyenne. Si la neige faisait défaut, il fallait la remplacer par deux bœufs blancs, équivalent dispendieux auquel les montagnards ne furent pas souvent contraints. Le jour des *Kyriolés*, — une fête locale instituée par l'abbaye elle-même, et qui se célébrait le lendemain de la *Pentecôte*, — un grand nombre de paroisses se rendaient processionnellement à Remiremont, bannière en tête, chantant des cantiques où le *Kyrie* revenait à chaque strophe en guise de refrain, comme le *Noël* dans les chants populaires auxquels il a donné son nom, et elles défilaient devant l'abbesse, en lui offrant tour à tour les premiers rameaux verts de l'année, — genièvre, saule, lilas, cerisier, sureau, etc., suivant les paroisses, — comme pour lui faire hommage des produits du printemps et proclamer sa suzeraineté sur la nature elle-même.

Du reste, les abbesses rendaient largement à la ville, en honneurs et en richesses, tout ce qu'elles en recevaient en hommages. Elles ne démentirent jamais le sang qui coulait dans leurs veines; et, si elles ne furent pas toujours les humbles servantes de Dieu, elles furent toujours les généreuses protectrices de leurs sujets. L'histoire a conservé le trait de cette abbesse, née Catherine de Lorraine, qui, le 2 juillet 1637, à la tête de ses vassaux et d'une trentaine de soldats, arrêta Turenne sous les murailles de la ville et le força de lever le siége.

La Révolution dispersa le chapitre, dont la dernière abbesse fut une princesse de Bourbon-Condé; mais elle ne détruisit point le palais abbatial, qui subsiste encore, partagé entre les divers services de l'administration urbaine. C'est un édifice d'une architecture assez froide, et qui n'a rien de bien frappant que son étendue. On l'avait bâti en 1750, et il était achevé à peine quand il fallut le fermer. Il s'adosse à l'église, un monument où tous les styles se mêlent, où tous les siècles ont laissé leur empreinte, mais qui garde, dans ses parties les plus anciennes et dans les proportions hardies de son vaisseau, un caractère assez grandiose.

La ville de Remiremont est jetée dans une des plus heureuses et des plus riantes vallées des Vosges, au milieu d'un cercle de montagnes qui semblent se pencher sur elle pour la contempler et la protéger à la fois. Elle est grande comme la paume de la main. Les habitants se montrent fiers, comme il sied, de la largeur de leurs rues bordées d'arcades et de la fontaine monumentale (suivant le terme consacré) où trois dauphins, la queue en l'air et la tête en bas, soufflent l'eau par leurs narines dans un bassin de fonte. J'ai donné trois minutes d'examen à ces magnificences, un quart d'heure à l'église et une demi-journée aux montagnes. L'ascension du Saint-Mont n'est qu'une légère promenade, dont on oublie bien vite les fatigues devant les perspectives variées et l'horizon sans limites qu'on embrasse du sommet. Partout autour de vous, cachant dans ses replis de frais vallons et des villages reluisant au soleil, la chaîne des Vosges dessine ses lignes bizarres, gauches, anguleuses, tantôt s'élevant en pitons triangulaires, pointus comme des pyramides, tantôt semblables à de gigantesques bosses de dromadaires, ou encore à des ballons gonflés et prêts à partir. C'est un caractère particulier aux montagnes des Vosges que ces ondulations heurtées et cette absence d'harmonie dans les lignes.

Il manque au sommet du Saint-Mont une croix colossale, que semblent réclamer son nom et sa légende. La municipalité de Remiremont pourrait, sans se compromettre, voter ce monument peu coûteux : pour les gens qui savent l'histoire ou qui aiment la couleur locale, ce serait un souvenir et un symbole; pour les amateurs du pittoresque, elle ferait très-bien dans le paysage. A ces causes, esperons que le

Siècle daignerait se montrer clément pour cette fantaisie d'un autre âge.

A défaut de la croix sur la cime du Saint-Mont, on a du moins érigé un calvaire en bronze, d'un très-beau travail, sur les flancs d'une roche voisine. Les touristes paresseux pourront se borner à grimper jusque-là. Le large plateau du calvaire, bordé d'une balustrade rustique, les sentiers accidentés qui serpentent aux alentours et la pelouse ombragée qui se cache derrière un rideau d'arbres épais, leur offriront une de ces promenades où le charme d'une vue exquise se joint aux délices d'un air vif et pur, de la fraîcheur, du silence et de la solitude. Mais j'ai déjà eu et j'aurai encore tant de vues à décrire que je fais, sans trop de peine, le sacrifice de celle-là ! Il en est des descriptions comme des prosopopées : elles ne produisent tout leur effet qu'à la condition qu'on n'en abuse pas.

Les alentours de Remiremont fourmillent d'ailleurs de sites ravissants, qui ne lassent pas l'admiration, mais qui fatigueraient la plume infatigable de M. Théophile Gautier lui-même. L'arrondissement dont cette ville est le chef-lieu peut passer pour le vrai centre des Vosges : il renferme les plus beaux anneaux de la chaîne, les cimes les plus curieuses et les plus élevées

de cette ligne de montagnes dont les ramifica-
tions vont se relier d'une part au Jura, et de
l'autre se perdre au milieu de la Bavière. Dans
les vallons et sur les sommets voisins, abondent
les sources ferrugineuses, les fontaines, les cascades, les rocs aux noms bizarres et aux formes
plus bizarres encore : la pierre Kerlinkin,
énorme bloc de grès rouge, haut de plus de
quinze pieds, posé comme un chapiteau sur la
cime de la montagne Saint-Arnould, — le Mou-
tier des Fées, qui, pour peu qu'on mette de
bonne volonté à s'en apercevoir, affecte la forme
d'une église, — le rocher de la Chouette, qui
ressemble à la ruine d'un château-fort du moyen
âge, et le rocher des Ducs, qu'on prendrait de
loin pour une tête gigantesque au front dé-
pouillé par la calvitie, etc., etc. N'oubliez pas
d'aller voir, dans la vallée de la Moselotte, ce
charmant village de la Bresse, éparpillé en des
gorges profondes, et renfermant en sa vaste enceinte, dont le piéton le plus intrépide ne peut
faire le tour en vingt-quatre heures, quatre lacs
et six mille hectares de forêts. La Bresse est le
Saint-Marin de la Lorraine : elle formait jadis,
sous la protection des ducs, une sorte de petite
république, qui avait sa coutume particulière,
son code civil et pénal, et où les anciens du lieu,
constitués en un tribunal primitif, qui siégeait

sous l'orme, rendaient, sans greffier et sans procédure, des jugements renommés pour leur bon sens, et dont la tradition a conservé des traits qui seraient à leur place dans l'histoire du sage roi Salomon.

Après avoir donné un coup d'œil à la Bresse, à ses rochers à pic, à ses *chaumes*, pâturages aériens où les troupeaux passent en plein air la plus grande partie de l'année, à son magnifique plateau des Hautes-Fées et à son lac des Corbeaux, le touriste reprendra sa course vers Gérardmer, la perle des Vosges, qui concentre et résume en elle seule toutes les curiosités naturelles du pays : « Sans Gérardmer, et encore un peu Nancy, qu'est-ce que ce serait que la Lorraine? » disait un vieux et naïf proverbe local auquel la langue du crû peut seule donner toute sa saveur. Néanmoins, ce n'est guère que depuis l'établissement des chemins de fer voisins et les séjours périodiques de l'empereur à Plombières, que les touristes ont appris le chemin de ce village qu'ils n'oublieront plus. Le reste de la France ne le connaissait que par ses fromages aux fortes senteurs, les *géromés*, fort appréciés de certains gourmets. Il est en train de conquérir une popularité de meilleur aloi : j'en parle en homme endurci contre les séductions du fromage. Dans ce coin perdu

de la Lorraine, la nature a multiplié ses sur-
prises et ses enchantements, et si l'on doit
s'étonner d'une chose, c'est que la découverte
de Gérardmer soit postérieure de plusieurs siècles à celle de l'Amérique.

La route de Remiremont descend à Gérardmer entre deux haies de hauts talus boisés,
comme si elle voulait s'effondrer dans un entonnoir. La voiture s'engage dans l'unique rue
de ce village de six mille âmes, rue longue de
plusieurs kilomètres, où les maisons s'arran-
gent à leur guise et prennent toutes leurs aises ;
elle passe à quelques pas d'un lac quasi trian-
gulaire, et va s'arrêter au pied d'un hêtre gigantesque, cinq ou six fois centenaire, qu'il a
fallu soutenir à force de briques et de mortier
contre les atteintes de l'âge, comme un vieillard
qui s'étaye sur des béquilles. Nous sommes à
l'hôtel de la Poste. L'établissement est envahi.
Trois salles à manger peuvent à peine suffire
aux voyageurs. L'hôtel se compose de divers
corps de logis, ajoutés successivement au bâtiment principal, à mesure que le flot des touristes
arrivait plus large et plus abondant. De la cour
et du jardin, on aperçoit le lac de Gérardmer,
et l'on a vue directement sur les pentes voisines, sillonnées de sentiers qui continuent les
rues du village et couvertes de maisons isolées,

dans une étendue de plusieurs lieues. Le soir, des milliers de lumières, fixes ou mobiles, s'allument aux flancs de la colline : on dirait des yeux ouverts qui veillent dans la nuit, ou une échelle d'étoiles rejoignant la terre au ciel.

A chaque pas dans le village, les portes, les corridors, les balcons, les cours des maisons qui laissent partout librement circuler le regard, ouvrent sur le vallon d'agréables perspectives. Ce qui manque aux versants des coteaux sur lesquels s'éparpillent les innombrables écarts de Gérardmer, c'est une végétation plus riche, d'un ton plus varié et plus vigoureux. Le sol environnant n'est guère propre qu'aux pâturages et aux cultures sommaires. A quelques pouces au plus, on se heurte contre le tuf, qui oppose au soc de la charrue d'insurmontables obstacles. Les pierres granitiques en débordent de toutes parts, formant, autour des champs où elles servent de clôture, le long des routes et des sentiers, dans les prairies qu'elles recouvrent de leurs excroissances bizarres, de longues files qu'on prendrait pour des troupeaux de brebis à la toison noire : aussi les a-t-on surnommées les *moutons de Gérardmer*.

La première question qu'on nous posa à l'hôtel fut celle-ci : « Ces messieurs font l'ascension de la Schlucht ? » Venir à Gérardmer sans faire

l'ascension de la Schlucht, ce serait aller à Rome
sans visiter Saint-Pierre. Le col de la Schlucht,
dominé par le Honeck, est l'un des points les
plus élevés de cette partie des Vosges, et peut-
être de la chaine entière. Grâce à la belle route
tracée depuis quelques années sur les flancs de
la montagne, pour relier Épinal à Colmar, l'Al-
sace à la Lorraine, c'est une promenade qui,
d'un bout à l'autre, peut s'accomplir en voiture,
— avantage inappréciable pour les touristes de
la rue Saint-Honoré, affligés d'une légère ten-
dance à l'embonpoint : grâce à ce chemin ouvert
en plein roc par une armée d'ouvriers, à grand
renfort de sapes et de mines, trois heures suffisent pour arriver au sommet.

Va pour l'ascension de la Schlucht! Voici un
char-à-bancs moelleux, qui nous permettra de
subir assez confortablement les glorieuses fatigues de cette escalade. Nous partons. Sur la
lisière qui borde la route, le conducteur, du
manche de son fouet, nous montre la *Pierre de
Charlemagne*. C'est un large morceau de granit posé à terre et pouvant, à la rigueur, servir
de table à des convives accroupis sur le sol. S'il
faut en croire la tradition, Charlemagne y vint
dîner un jour, dans une de ces colossales parties
de chasse que la poésie et la légende ont célé-
brées à l'envi. Il en est un peu de Charlemagne

2.

comme des Romains : sa trace se retrouve partout. L'ombre du grand *emperor à la barbe florie* erre encore, en compagnie de ses fidèles paladins, dans toutes les forêts de la Lorraine, de la Champagne et des Ardennes. On ne montre pourtant pas sur le sol, comme je l'ai vu ailleurs, la marque faite par le pied de son cheval. C'est une lacune dans la légende de Gérardmer.

Un peu plus loin, au bas de la montagne, apparaît tout à coup la cascade du *Saut-des-Cuves*. Nous mettons pied à terre pour mieux jouir du point de vue. La Vologne y roule avec fracas son mince filet d'eau couronné d'écume, entre des rochers sauvages, dont les assises sont étagées de la façon la plus pittoresque, et se joue en cent caprices charmants, qui ménagent à l'œil, dans un espace de quelques mètres, les aspects les plus variés et les plus imprévus. Le lit, bordé et tapissé d'énormes pierres noires qui s'entassent pêle-mêle les unes sur les autres, semble avoir été creusé brusquement par une convulsion de la nature, et l'imagination se figure volontiers Charlemagne et ses preux venant se désaltérer à ce ruisseau digne de la *Chanson de Roland*, après avoir diné sur la pierre que nous avons rencontrée tout à l'heure. L'épicéa croît entre les fentes des rochers et vient baigner ses racines ou tremper ses branches dans la rivière.

A chaque déplacement du spectateur, l'aspect change et le tableau apparaît sous une forme nouvelle : ici, c'est un bassin tranquille, où la rive s'arrondit en une sorte de petit lac; là, une gorge étroite resserrée entre des parois noirâtres qui semblent calcinées par le feu du ciel; plus loin, une cascade tumultueuse et bouillonnante, dont la nappe se divise en milliers d'aiguilles liquides et finit par s'éparpiller en une sorte de poussière blanchâtre, pour se dérober au regard dès qu'elle a touché terre et fuir en un contour rapide et gracieux vers le pont de granit d'une seule arche, hardiment jeté sur les rocs qui encaissent la Vologne. L'ombre, la fraîcheur, la solitude, le silence, la demi-obscurité du bois, tout accroît l'impression à la fois charmante et solennelle. S'il en est ainsi quand la Vologne peut à peine recouvrir le centre de son lit et laisser au creux des pierres ces flaques microscopiques où les oiseaux viennent baigner leurs ailes, qu'est-ce donc au moment des pluies ou de la fonte des neiges? J'irai revoir le *Saut-des-Cuves* quand il aura de l'eau.

On remonte en voiture : la route grimpe en pentes douces, ménagées par de continuels zigzags, entre d'immenses forêts de sapins. Nous

longeons à gauche une muraille de rochers, sur
laquelle sont encore visibles les traces du fer
et de la poudre ; à droite une sorte de précipice
continu, par où l'œil plonge dans la vallée à travers le sombre rideau des arbres. Au bout de
quelques minutes, une nappe argentée apparaît
dans le bas : c'est le lac de Longemer. On ne
saurait rêver un tableau plus exquis que cette
plaine liquide entrevue, pour ainsi dire, à vol
d'oiseau, sous les aspects changeants que multiplient les tournants du chemin et le mobile
feuillage du bois, et flanquée de montagnes où
la vigoureuse verdure des sapins, colorée par le
lointain de reflets bleuâtres, lui sert à la fois de
cadre et de repoussoir. Ce précipice sauvage
qui aboutit à un lac tranquille, ces pentes noires éclairées et égayées par le rayonnement
d'une eau transparente, comme une énorme
tache d'encre qui plongerait dans une jatte de
lait ; le contraste de ce bassin limpide, vous suivant comme d'un sourire amical, avec ces rocs
à l'aspect rébarbatif et ces arbres secoués, tor-
dus, découronnés ou déracinés par l'orage,
c'est là un effet d'un charme et d'une séduction
irrésistibles. Le lac de Longemer s'allonge en
forme de ruban et vous suit pendant près de
deux heures. A chaque instant il reparaît, et
quand on l'a laissé en arrière et qu'on croit lui

avoir dit adieu, un détour de la route vous re-
place en face de lui et vous le montre sous une
physionomie nouvelle.

Mais, si vous le voulez bien, nous allons laisser souffler les chevaux et reprendre haleine à
mi-côte, pour arriver ensuite tout d'une traite
au sommet!

III

Epinal, 25 août.

Vous m'avez laissé à mi-côte de la Schlucht, c'est-à-dire à peu près à quatre cents mètres au-dessus de mon point de départ, et à près de mille au-dessus du niveau de la mer. L'agent-voyer en chef du département, auquel on doit la création de cette route, si longtemps réputée impossible, M. H. (1), s'est élevé là, sur des assises de granit, une maisonnette en bois, abritée par les sommets voisins. La terrasse domine un décor merveilleux, dont le seul défaut est de manquer un peu d'étendue. Au bas des roches qui lui servent de piédestal, dans

(1) Qui depuis... Mais alors il était vertueux. — M. H. a eu des malheurs en justice après la guerre.

une sorte d'entonnoir que surplombe la cime fantastique du *Diable*, le lac microscopique de Retournemer étale le gai miroir de ses eaux dormantes, et semble reposer au pied du Honneck et de la Schlucht, comme un ciseau-mouche entre les jambes d'un éléphant. J'ai trouvé sur ce balcon, la lorgnette d'une main et l'*Opinion nationale* de l'autre, une Parisienne vêtue de satin bleu, comme au balcon de l'Opéra, un jour de *Guillaume Tell*. Le cercle de rochers qui sert de cadre et de rempart à cette cuvette d'eau a ménagé ici un écho d'une rare puissance, et le propriétaire du chalet a disposé sur la terrasse une batterie lilliputienne, dont les décharges se répercutent de gorge en gorge et de sommets en sommets, pareilles au roulement du tonnerre.

On monte, on monte toujours. La muraille de rochers se dresse parfois à pic jusqu'à trente ou quarante pieds de haut. Elle laisse filtrer des sources qui tombent goutte à goutte dans le ravin, en teignant la paroi d'une large trace humide, ou bien elle livre passage à des miniatures d'avalanches formées par un caillou qui roule du sommet dans un tourbillon de poussière. Un peu plus loin, la route passe sous un court tunnel, et les rochers se rejoignent en voûte élancée sur votre tête. D'une plate-forme située près de là, et où l'on peut se hasarder quand le vent ne souffle pas trop fort, on a une vue de choix sur la vallée et sur les deux lacs. Je n'ai pas souvenir d'avoir rien aperçu de plus frais, de plus riant, de plus gracieux; mais j'espère qu'on voudra bien, sur ce résumé exact et rapide de mon impression, me tenir quitte d'une description détaillée.

Le reste de l'ascension n'offre plus guère de particularités intéressantes. Trois heures juste après le départ, le char-à-bancs débouche sur le plateau, au trot victorieux du cheval qui sent le râtelier, et va se remiser dans la cour de l'hôtel bâti, à grands frais, sur la pointe la plus avancée du roc, par un riche fabricant de Münster. En l'absence du maître, cette maison, habitée par une espèce d'intendant ou de valet de chambre, sert de caravansérail aux touristes. Une bouteille de bière, même médiocre, bue à cette hauteur, après trois heures d'ascension par un soleil torride, n'est point une chose à dédaigner, et cette précaution vulgaire prépare à savourer le spectacle sans arrière-pensée et sans distraction.

Après avoir passé devant le chalet, le chemin continue à contourner le plateau. Des rochers, affectant les configurations les plus bizarres, lui forment une couronne abrupte et sauvage,

de cinquante à cent pieds de haut : c'est là qu'il
faudrait grimper à quatre pattes, en s'aidant de
cordes et de bâtons ferrés, à travers les monceaux de pierre, les trous et les crevasses, pour
avoir le droit de dire qu'on a mis le pied sur le
sommet de la Schlucht, comme aussi pour jouir
du coup d'œil dans toute sa richesse et son
étendue. Mais, par trente degrés de chaleur,
cette gloire ne me tente pas, et la vue que j'embrasse de la route suffit amplement à mon ambition. Sous nos pieds et autour de nous, un
océan de pics soulèvent de toutes parts, comme
des vagues pétrifiées, leurs sommets inégaux.
De distance en distance un *chaume* apparaît
entre deux coupes boisées, et le vert pâle et
jaune des pâturages aériens se mêle au vert
foncé des sapins et des épicéas. Un reste de
neige brille au fond d'un trou inaccessible aux
rayons du soleil. Le regard se perd dans ces
milliers de cimes touffues ou dénudées, unies
l'une à l'autre par des renflements et des ondulations bizarres, creusées par d'énormes ra-
vins, séparées par des gorges, dont quelques-unes, vierges de tout pas humain, n'ont
jamais été visitées que par les oiseaux du
ciel. La buse et le grand duc, ces aigles des
Vosges, planent sur nos têtes, fendant l'air
d'une aile qui semble immobile. Du fond des

vallées perdues dans ce chaos de rocs, s'élève çà et là une chanson de pâtre, ou le son des cloches d'une église. On voit quelques maisons accrochées comme des nids aux flancs d'un précipice et tranquillement suspendues sur l'abîme. Un peu plus loin, la ville de Münster apparaît, dans un profond repli de terrain, semblable à une oasis jetée au milieu d'un désert de pierres.

Pendant le trajet, le soleil avait dardé à plomb sur nous, et j'étais en nage comme au sortir d'une étuve. La beauté du spectacle nous avait entraînés à une lieue environ du chalet où nous attendait la voiture. Tout à coup, presque sans transition, quelques nuages à peine visibles jusque-là accourent de tous les coins du ciel, se rejoignent, marchent en bataillons serrés, qui s'accroissent et s'épaississent de minute en minute; un roulement de tonnerre retentit, je sens sur mon nez une large goutte d'eau, suivie d'une seconde, puis d'une troisième, avant même que je n'aie eu le temps d'essuyer la première. Nous poursuivions toujours notre marche, mais deux minutes après, ces gouttes étaient changées en une pluie battante devant laquelle il n'y avait plus à hésiter.

Ce serait peut-être le cas d'introduire ici la fameuse description de l'orage dans la montagne, un des morceaux de littérature les plus

goûtés des élèves de rhétorique, et les plus cul-
tivés dans les récits de voyage qui ont gardé les
traditions du beau style. Mais j'avoue que, malgré la curiosité de ce spectacle nouveau et absolument inattendu, malgré les arabesques gran-
dioses dessinées sur nos têtes et sous nos pieds
par les éclairs glissant en zig-zags le long des
rocs, et l'étrange aspect des pentes boisées, couvertes d'abord par la pluie comme d'un voile
de gaze, puis prenant pour ainsi dire la physionomie de cascades immenses et de nappes d'eau
perpendiculaires, l'effet auquel je fus le plus
sensible, et qui m'empêcha de goûter suffisamment les autres, ce fut la brusque et violente
inondation de ma personne. Cette douche
glacée venant se mêler sur mon corps à la
douche brûlante de la sueur, formait un bain
d'ordre composite qui ne me promettait rien
qui vaille. Impossible de trouver le moindre
abri le long de cette route entièrement découverte, ou sur ces rochers inabordables et complétement chauves; il ne nous restait d'autre
ressource que de courir à toutes jambes vers le
chalet. La pluie ne nous fit pas grâce d'une
goutte : elle tombait avec une véritable rage, et
il semblait que le ciel tout entier se fût fondu
en eau. Enfin, après une demi-heure d'une
course insensée, nous arrivâmes haletants,

inondés, couverts de boue. Ma redingote laissait couler des flots de buée noirâtre, et mon
chapeau, — un chapeau neuf qui recevait son
premier baptême, — était devenu un je ne
sais quoi d'informe, mou comme une éponge
et ruisselant comme une cascade.

Nous trouvâmes réunies dans la grande salle
commune une douzaine de personnes, dont la
moitié appartenaient au plus beau des deux
sexes, que l'orage avait rabattues comme nous
vers le seul asile de ces parages. Notre entrée
excita un mouvement d'émotion générale, tempéré toutefois, je dois le dire, par le rire étouffé
de quelques jeunes filles. Il y avait là des
mères qui s'attendrirent sur mon triste sort,
car, grâce à un costume mieux approprié que
le mien au climat des montagnes, mon compagnon avait été infiniment moins maltraité, et
le murmure de commisération qui s'éleva autour de moi fut bien doux à mon oreille. Mais
pour le moment le moindre fagot flambant
dans la cheminée eût mieux fait encore mon
affaire. Par malheur, la salle n'avait pas même
de cheminée, et sans un aimable et compatissant religieux égaré par-là, je ne sais comment, qui me jeta son manteau sur les
épaules, après m'avoir au préalable, avec la
permission de ces dames, enlevé ma redingote,

je n'en étais pas quitte à moins d'un rhuma-
tisme ou d'une fluxion de poitrine.

La société réunie semblait prendre fort
gaiement son parti. On mit au pillage la cave
du chalet. Le cassis, l'anisette, le curaçao,
fraternisaient sur les tables avec la char-
treuse, le cognac et le kirsch des Vosges.
On entendait poindre des soupçons de calem-
bour et des ébauches de chansons, interrompues au refrain par de grands coups de tonnerre, roulant d'échos en échos. Quelquefois,
par la porte du balcon qu'entrouvrait un curieux, s'engouffrait le bruit de la rafale, avec
un tourbillon de pluie. L'entrée d'un gigantesque terre-neuve, crotté comme un barbet,
acheva une illusion que le concours des cir-
constances avait déjà fait naître en mon esprit,
et pendant une minute je me crus dans la
grande salle des religieux du mont Saint-Ber-
nard.

Sur ces entrefaites, la nuit était venue, et
l'on commençait à préparer les lits. Comme
la galanterie française faisait un devoir à la
partie masculine de l'assistance d'abandonner
aux dames les deux ou trois chambres dispo-
nibles, nous devions coucher dans les corridors, dans l'étable et sur le billard. Je commençais déjà à rôder, avec un soupir de résignation,

aux alentours de ce dernier meuble, quand, vers sept heures du soir, l'orage se calma tout à coup, sans rime ni raison, comme il était venu. Nous fîmes atteler en hâte, et, sans lanterne, par une nuit noire comme la gueule d'un four, le char-à-bancs dégringola du haut en bas de la Schlucht, au risque de nous broyer les os contre les rochers de droite ou de faire la culbute dans les précipices de gauche.

Cette aventure avait coupé court à notre excursion, et tous les projets formés pour le retour se trouvèrent anéantis du coup. Nous devions, laissant la voiture nous rejoindre par un détour praticable aux chevaux, descendre pédestrement la *route des Dames*,—un sentier escarpé et pierreux, ainsi nommé par un aimable euphémisme; puis revenir par la riante vallée de Granges, que sillonne le cours pittoresque de la Vologne, roulant de chute en chute dans sa couche de rochers, et où la nature a créé une glacière perpétuelle qui défie les chaleurs les plus longues et les plus intenses. Bien des choses encore réclamaient notre visite dans les environs de Gérardmer : la roche de Spiemont avec sa pierre druidique; la cascade du Rudelin, qui se jette dans la Meurthe d'une hauteur de cent pieds, avec un tourbillonnement d'écume et un fracas prodigieux; le village du Valtin, qui oc-

cupe une gorge profonde et resserrée, au milieu
d'une contrée si sauvage que les beaux diseurs
du pays l'ont surnommée la *Sibérie des Vosges*.
Mais un journaliste doit savoir se borner lorsqu'il voyage, comme lorsqu'il écrit. Après avoir,
tant bien que mal, fait sécher nos habits pendant la nuit, nous employâmes la matinée du
lendemain à parcourir en nacelle le lac de Gérardmer, mignon comme un étang, transparent
comme une source, çà et là profond comme un
golfe, où des milliers de petits poissons se pressaient dans le sillage de la barque et se lais-
saient prendre à pleines mains; puis à rendre
visite à l'écho de Remberchampt, qui répète en
entier, d'une voix nette et claire, une phrase de
six syllabes, et qui, pendant un quart d'heure,
rendit strictement à notre guide, sans en garder une seule, toutes les injures qu'il lui jetait
pour nous divertir.

Vers une heure, autant qu'il m'en souvienne,
nous partions pour la ville épiscopale de Saint-
Dié. Tous les monuments de Saint-Dié se résu-
ment en sa cathédrale, hélas! Les monts qui
l'entourent ne sont que des taupinières auprès
du Honeck, qui n'est lui-même qu'une colline en
regard des Alpes; cependant, pour l'acquit de
ma conscience et par scrupule de voyageur,
je fis bravement l'escalade du mont Saint-Mar-

tin, dominé par d'énormes blocs de roches, que
d'en bas j'avais pris pour les ruines d'une vieille
forteresse féodale. De là l'œil embrasse toute
l'étendue du Val-de-Galilée, où chaque village
rappelle le nom d'un saint, le souvenir d'une
église ou d'un monastère.

A Saint-Dié, on retrouve le chemin de fer. Il
vous conduit à Épinal plus lentement que ne le
faisait autrefois la diligence, grâce à l'énorme
détour de la voie ferrée. La route longe encore
des sites pittoresques, des bois, des vallées
charmantes, et traverse les dernières ondulations des Vosges. Mais c'est à peine s'il reste
quelques coteaux pour faire à Épinal un cadre
plaisant à l'œil, où l'on chercherait vainement
une ombre de caractère et de majesté. Cette
ville, renommée, dans les dictionnaires géo-
graphiques, pour son commerce de plantes
oléagineuses, possède une église paroissiale
dont certaines parties datent du x° siècle,
un musée d'antiquités gauloises et de tableaux
pour la plupart trop modernes, un théàtre où
l'on joue quelquefois, un journal bien pensant et
une loge de francs-maçons. Pourtant son intérèt
est ailleurs. Plombières a ses sources ferrugineuses et ses deux feuillées; Remiremont, ses
montagnes et son palais abbatial; Gérardmer,
ses lacs, ses rochers et ses cascades; mais

Épinal a la fabrique d'images de Pellerin !

La fabrique de Pellerin est la succursale naturelle de la *Bibliothèque bleue*. Vous y retrouverez les Quatre Fils Aymon, Peau-d'Ane, le Petit Poucet, le Prince Chéri, la Belle aux Cheveux d'Or, la Mère Gigogne, ma Mère l'Oie ; puis toutes ces physionomies curieuses, venues pour la plupart on ne sait d'où, créées par des inconnus, et qui n'en ont pas moins conquis une renommée immortelle : M. de Malbrouck, porté en terre par *quatre-z-officiers* ; M. de la Palisse, le fameux Michel Morin, le roi des bedeaux, qui savait si bien chasser les chiens de l'église, chanter au lutrin, couper le pain bénit, faire des fagots, dénicher les merles, — rude homme qui de longtemps n'aura son pareil ; la Mère Michel, inconsolable de la perte de son chat, méchamment mis à mort par le compère Lustucru ; le pauvre Gribouille, un cœur d'or, mais une tête faible ; Cadet Roussel le bon enfant, dont le vaudeville d'Aude a consacré les trois cheveux, les trois souliers, les trois chapeaux, les trois chiens, les trois chats, les trois filles et les trois garçons ; son voisin Girolla, le facile et complaisant égoïste, joyeux vivant et gai buveur ; monsieur et madame Denis, couple immortalisé par l'homérique chanson de Désaugiers ; le bon Roi Dagobert avec son fidèle compagnon saint Éloi; les aventures tragi-comiques de M. Dumollet et de son épouse Calypso; enfin la puissante figure de M. Mayeux, le bossu sceptique et libertin, tapageur et brouillon, don Juan ricaneur, qui jure et se grise, — bourgeois qui a lu Voltaire et Pigault-Lebrun, né pour devenir sergent-major dans la *milice citoyenne* et pérorer dans les corps-de-garde sur le *parti prêtre*, en mêlant ses dissertations hardies d'anecdotes grivoises. J'en passe et des meilleurs. Les imagiers byzantins et les enlumineurs du moyen âge eussent été jaloux de ces compositions naïves, coloriées d'un rouge splendide, d'un vert tumultueux, ou d'un jaune éblouissant.

Néanmoins, le virus de la civilisation moderne s'est glissé, depuis plusieurs années déjà, dans ce vénérable conservatoire de la tradition populaire. M. Pellerin s'est fait jeune France; il traite le genre élégant, il a des images prétentieuses où des fruits secs de l'École des beaux-arts rivalisent de loin avec M. Grévin ou M. Compte-Calix. Il s'est fait bâtir une boutique superbe dont l'imposante façade inspire le respect, et les commis qu'on rencontre dans ce palais élégant sont des gens à la hauteur de leur siècle, qui rougissent de la *Mère Godichon et de son chien Zozo.* Qui sait? nous sommes peut-être destinés à le voir installé un jour dans un magasin à l'instar de Goupil sur le boulevard Haussmann.

Cette adroite transition me ramène naturellement à Paris. Des bords de la Vologne et de la boutique de Pellerin j'ai repris mon vol vers le petit ruisseau de la rue du Bac. Me voici rentré au bercail. Adieu, montagnes : les vacances sont finies ; au lieu de voyager à travers la France, nous allons voyager maintenant à travers les livres.

DE PARIS A MADRID

DE PARIS A MADRID

I

Beaucoup de mes lecteurs, sans doute, connaissent le voyage humouristique publié par Saintine sous ce titre, *le Chemin des écoliers,* — *promenade de Paris à Marly-le-Roi en suivant les bords du Rhin.* Avant lui, dans une charmante historiette écrite en vers aussi spirituels que classiques, Mennechet avait raconté les aventures d'un bourgeois de Paris, ami de Bougainville, qui se trouva parti pour un voyage autour du monde en croyant aller à Versailles.

C'est un peu l'histoire de mon propre voyage en Espagne.

J'ai un ami qui est rédacteur littéraire de l'une

des feuilles politiques de Bordeaux : vous voyez
que mon aventure débute de la façon la plus
vraisemblable du monde. Il est à la fois le
Jules Janin et le Sainte-Beuve de la capitale de
toutes les Gascognes. Il règne dans les coulisses,
et produit à son gré la hausse ou la baisse dans
les librairies.

Or, depuis longtemps, mon ami m'engageait,
sous prétexte de me promener dans les allées
de Tourny et devant le chef-d'œuvre de l'architecte Louis, à venir assister au spectacle de sa
gloire. J'avais toujours résisté. Mais, un soir du
mois d'août 1869, je me couchai avec une migraine que j'avais sentie poindre sourdement
toute la semaine, comme ces cyclones ou ces
mascarets qui s'annoncent à l'avance par une
forte dépression barométrique. Le lendemain,
à mon réveil, la migraine avait rayonné de l'oc-
ciput au haut du crâne, et je sentais comme
une calotte de plomb sur ma tête.

J'ouvris la fenêtre : un gai rayon de soleil
entra et se mit à danser autour de moi pour
m'inviter à sortir, et en même temps pénétrè-
rent dans ma chambre, comme s'il les eût
apportés sur son aile, des tourbillons de poussière jaunâtre. En me penchant un peu, j'a-
perçus une armée de Limousins qui démolis-
sait six maisons à ma droite, et un bataillon de

maçons qui bâtissait un palais à ma gauche.

— Je vois bien, fis-je à part moi avec un soupir, qu'il est temps d'aller visiter mon ami.

Je jetai trois chemises, trois mouchoirs et trois paires de bas dans un sac de nuit, je déposai ma clef chez le concierge, en le priant de m'avertir par une dépêche télégraphique, adressée bureau restant, à Bordeaux, si les embellissements de Paris venaient à menacer mes pénates en mon absence, et je m'acheminai vers la gare du boulevard de l'Hôpital.

A dix heures quarante-cinq je montais en wagon.

Deux heures après, les employés criaient : *Orléans !* La flèche et les tours de l'église Sainte-Croix apparaissaient à l'horizon. Il me semblait que la calotte de plomb qui pesait sur ma tête se faisait plus légère.

Chambord, Blois, Amboise, Chenonceaux ! Le chemin de fer traverse les plus grands souvenirs de notre histoire : on croirait avoir pris un train express à travers le passé. Puis s'allongent indéfiniment des plaines fertiles où babillent de petites rivières, des coteaux semés de villages riants et de coquettes maisons de campagne. — Tours ! Nous sommes en plein jardin de la France. La calotte de plomb se change en calotte de liége.

Une heure et demie encore. Un tourbillon de cris aigus pénètrent comme des vrilles au fond de mes oreilles. Le wagon est cerné par une demi-douzaine de figures rébarbatives, dont chacune me met à grands cris un couteau sur la gorge... Ce sont les industriels de Châtellerault qui offrent leur marchandise au voyageur.

Nous voici repartis. Il est cinq heures. Bientôt, dans les premières brumes du crépuscule, Poitiers apparaît sur la gauche, pittoresquement étagé sur son amphithéâtre de collines, comme un vieux burg féodal. Mais, à peine entrevue, la vision s'éclipse et fuit comme un rêve.

La nuit tombe : il commence à faire froid, il commence à faire faim. Je sens la calotte de liége qui manifeste une première velléité de se rechanger en calotte de plomb. Heureusement le train s'arrête. Spectacle enchanteur ! D'immenses tables sont là, toutes dressées, qu'entoure une nuée de garçons à l'air engageant. En un clin d'œil, cent voyageurs ont pris les cent places d'assaut. C'est une trombe, c'est une avalanche. Le dîner commence, furieux, forcené, un dîner d'ogres à jeun depuis vingt-quatre heures, un dîner d'anthropophages au sortir du carême. On entend un formidable cliquetis de vaisselle et de mâchoires de crocodiles en mouvement.

La cloche sonne. La trombe reflue tumultueusement dans les wagons.

J'entends dire autour de moi que le buffet
d'Angoulême est le meilleur de France ; je n'en
sais rien ; je sais seulement que je n'ai pas trop
mal dîné.

Allons ! tout est pour le mieux dans le meilleur des mondes ! Il ne fait plus si froid. La calotte de liége elle-même s'est évanouie. Je som-
meille tout doucement dans mon coin, et je me
réveille à Bordeaux, un peu moins de vingt-
quatre heures après mon départ de Paris.

La patrie de Berquin et de Montesquieu se
présente sous des abords superbes. M. de
Tourny, le Haussmann bordelais du xviii^e
siècle, lui a donné la physionomie d'une capitale. Les Marseillais conviennent que c'est la
plus belle ville de France, après Marseille, et
qu'il ne lui manque que la Cannebière. Les Parisiens avouent que, si elle avait la fontaine
Saint-Michel, la mairie Saint-Germain l'Auxer-
rois et quelques autres chefs-d'œuvre du même
genre, elle pourrait presque rivaliser avec Paris.
Mais je n'avais pas le temps de l'admirer. Après
avoir touché barre à l'hôtel, je me dirigeai vers
le Grand-Théâtre, espérant y surprendre mon
ami dans l'exercice de son sacerdoce. On y
donnait *le Postillon de Longjumeau* pour les

débuts d'un ténor qui était le sixième de l'année théâtrale : les Bordelais mettent leur amour-propre à être plus difficiles qu'à Paris, et ils font une grande consommation de ténors. Voici comment les choses se passaient. Le ténor chantait son air ; on l'écoutait dans un religieux silence ; puis, régulièrement, dès qu'il avait fini, une moitié des spectateurs faisaient entendre des *chut* énergiques, tandis que les autres sifflaient de toutes leurs forces, avec une férocité calme, en gens habitués à ce passe-temps. C'est là, généralement, ce qu'on appelle *débuter*, en province.

Mon ami n'était pas au théâtre. Le lendemain matin, j'allai le demander aux bureaux du journal.

— Monsieur, me dit le rédacteur en chef, notre brillant collaborateur est parti, depuis hier matin, pour visiter l'exposition de Bayonne.

— Ah ! fis-je, tout désappointé. Et quand revient-il ?

— Nous ne l'attendons pas avant huit jours.

— Ne pourrais-je lui faire parvenir une lettre ou une dépêche télégraphique ?

— Ce serait difficile, monsieur : il n'a pas indiqué son adresse.

Je sortis mélancolique et fort perplexe. La situation se présentait mal. Avoir fait cinq cent quatre-vingt-cinq kilomètres à toute vapeur dans l'unique but de venir voir un ami, qui est justement parti la veille de votre arrivée, rien n'est moins propre à vous donner des idées riantes.

J'entrai dans un café et je compulsai l'*Indi-cateur des chemins de fer*, où je découvris qu'il n'y a de Bordeaux à Bayonne que cent quatre-vingt-dix-huit kilomètres, qu'on peut franchir en moins de cinq heures par le train express.

— Bah! m'écriai-je, je n'en aurai pas le dé-menti. Je suis venu de trop loin pour reculer.

Me voici donc courant, toute vapeur dehors, sur la route de Bayonne. C'est une laide route, et qui ne mérite pas une description détaillée. Les landes commencent presque au sortir de Bor-deaux, et n'expirent qu'aux bords de l'Adour. A droite et à gauche s'étendent à perte de vue d'im-menses plaines sablonneuses, semées d'ajoncs et de vastes flaques d'eau croupie. Aux longues forêts de pins, d'un vert terne et triste, succè-dent d'interminables champs de fougères. Pas un accident de terrain, pas un arbuste, pas une source. De loin en loin seulement une douzaine de moutons pelés, que domine la grêle silhouette d'un berger monté sur ses échasses et appuyé sur une perche de dix pieds de haut, d'où il nous regarde passer en tricotant un chausson de laine.

Ce spectacle a, sans doute, son côté curieux ; mais il devient monotone à la longue, et ce fut avec un véritable soulagement que j'arrivai à Bayonne.

Bayonne n'était plus Bayonne, sous-préfecture de dix-neuf mille habitants, célèbre par ses jambons et l'invention de la baïonnette. C'était un caravansérail envahi par des milliers de voyageurs. Chaque année, quand revient la saison des eaux, Bayonne est encombré de touristes et de baigneurs : c'est le point de ralliement et le lieu de transit pour Biarritz, pour toutes les plages et toutes les sources des Pyrénées. Une exposition internationale avait lieu ce jour-là, et mettait le comble à ce tassement de population nomade. Cinquante omnibus stationnaient devant la gare, au milieu d'une des plus magnifiques tempêtes de hennissements, de piaffements, de jurons et de coups de fouet qu'il m'ait jamais été donné d'entendre. Les cinquante cochers des cinquante omnibus s'accordèrent, avec l'unanimité du plus profond dédain, à refuser leur concours à un voyageur nanti, pour tout bagage, d'un sac de-nuit portatif, et je n'eus d'autre ressource que de confier ce maigre colis aux épaules d'un grand diable de Basque, haut perché comme un cerf sur ses jarrets d'acier, et qui ressemblait, avec ma valise sur l'épaule, à don

Quichotte portant une grenouille embrochée au bout de sa lance.

Mon Basque me conduisit successivement dans tous les hôtels de Bayonne. Partout je posais les mêmes questions : Pouvais-je avoir une chambre, et y avait-il dans l'hôtel un voyageur du nom de mon ami ? Partout les réponses étaient les mêmes : Il ne restait pas une seule chambre libre, et on n'avait pas vu la personne que je demandais. Au bout d'une heure, mon Basque, qui était taciturne, s'apercevant enfin que je commençais à donner des marques de folie, jugea qu'il était temps d'intervenir. Il m'apprit, avec un flegme discret dont je faillis le récompenser un peu vivement, qu'il savait bien que je ne trouverais pas de place, mais qu'il n'avait pas voulu se mêler de ce qui ne le regardait pas. Il ajouta que, si je le jugeais à propos, il pouvait me conduire chez une marchande de tabac, qui faisait métier de louer son arrière-boutique aux voyageurs pendant la saison des eaux.

Cinq minutes après, j'étais échoué dans la chambre ténébreuse de la marchande de tabac, qui me la loua au prix de dix francs par jour, — et encore, m'assura-t-elle, parce que c'était moi !

Je me remis immédiatement à la recherche de mon ami. Je parcourus toutes les rues de la ville, les quais, les promenades, le pittoresque faubourg du Saint-Esprit, peuplé de juifs, de pous et de guenilles. J'entrai dans tous les cafés. Je poussai jusqu'à l'exposition régionale et internationale. Rien, rien, rien. Las, enfin, et désolé d'une poursuite si infructueuse, j'étais résolu à ne plus rien voir, et j'avais éteint ma lanterne.

II

L'entrée en Espagne. Guétary et la Côte de fer. Saint-Jean de Luz.
La Bidassoa.

Donc, le lendemain, je me trouvais, à midi et demi, à la gare, mon sac de nuit à la main, pour reprendre le chemin de Bordeaux et de Paris par le train d'une heure.

Lorsque j'arrivai, le bureau était déjà ouvert, et les derniers tronçons d'une longue queue se pressaient aux alentours du guichet. Un voyageur qui venait de payer sa place se retourna tout à coup, et je poussai un cri d'émotion, auquel répondit une interjection de surprise.

C'était lui !

Comme il se précipitait vers moi :

— Prends mon billet, lui criai-je. Nous partons ensemble.

— Ah ! fit-il.

Il prit un billet pour moi, et me rejoignit. Nous nous embrassâmes. Je lui expliquai tumultueusement mon odyssée, pendant qu'on nous poussait dans les wagons, et je n'avais pas encore fini, que l'aigre sifflet de la vapeur retentissait et que nous étions en route :

— Comment! fis-je. Il est déjà une heure.

— Non, mon ami : midi quarante. Sans moi, tu étais capable de manquer le train.

— Allons, j'aurai consulté un *Indicateur* de la semaine dernière.

— Biarritz! cria la voix d'un employé, tandis que le convoi s'arrêtait.

Je fis un soubresaut, et regardai mon compagnon dans le blanc des yeux, tout effaré :

— Ah çà, mais, où allons-nous?

— Eh bien, en Espagne, répondit-il avec sérénité.

— En Espagne! en Espagne! Et moi qui croyais retourner à Bordeaux. Conducteur, arrêtez!

Tout le wagon éclata de rire, et le train, comme s'il n'eût attendu que ce signal, se mit à filer de plus belle. Je sentais une fureur homérique me monter à la tête, mais je me contins, par la peur du ridicule. Un journaliste français ne doit jamais être ridicule nulle part, même dans le pays basque.

Cependant, mon ami me prodiguait pêle-mêle les consolations les moins efficaces :

— Quoi!... bah!... vraiment!... Je comprends maintenant pourquoi tu voulais partir à une heure! Ah! par exemple, voilà une aventure curieuse!... Tu m'as crié de prendre ton billet, en me disant que tu partais avec moi.

— Mais toi-même, lui dis-je à demi-voix, pour faire diversion à l'hilarité croissante de mes compagnons de route, comment arrive-t-il que tu passes la frontière *in petto*, sans en avoir rien dit à personne!

— Mon Dieu! l'idée m'est venue comme un coup de foudre : Bayonne est le vestibule de l'Espagne, et le peu que j'en ai vu là m'a donné l'envie d'en voir davantage. Le vent qui vient à travers la montagne m'a rendu fou. L'occasion a poussé le coude à ma curiosité. Et puis, cette exposition franco-espagnole a achevé de me monter la tête. Je me suis rappelé que le Grand-Théâtre prépare actuellement un ballet espagnol dont *la première* doit avoir lieu dans quinze jours : c'était le cas de faire provision de couleur locale pour mon feuilleton. Mais rassure-toi : nous ne faisons que passer la frontière pour prendre l'air du pays. Une simple promenade à Saint-Sébastien suffira. Je suis d'ailleurs rappelé par ma tâche périodique.

— C'est encore fort heureux, fis-je avec un gros soupir.

Mon ami me donna une poignée de main si cordiale, en s'excusant avec tant de bonhomie, qu'il y aurait eu de la cruauté à lui garder rancune plus longtemps.

Tout à coup il me frappa sur l'épaule :

— Regarde ! dit-il.

Je me précipitai à la portière de droite, et le spectacle qui s'offrit à ma vue m'arracha un cri d'admiration.

Nous étions vis-à-vis du village de Guétary. La ligne de falaises de la *Côte de fer* prolongeait à l'horizon ses ondulations sauvages, laissant apparaître au delà les sommets des Pyrénées. Tout à coup une brusque trouée entr'ouvrit la côte, et par l'ouverture apparut une vaste nappe d'un bleu sombre et doux, sur laquelle couraient des frissons d'écume blanche. Deux longues traînées de rocs protégeaient, comme des jetées naturelles, ce beau port, sur lequel flottait doucement une voile, pareille à l'aile étendue d'un oiseau, et que bordaient des groupes de maisons jetés sur les flancs de la falaise.

Je ne pouvais plus détacher les yeux de ce merveilleux tableau. Les falaises et les montagnes se succédaient, variant leurs lignes et leurs couleurs dans les aspects les plus imprévus : ici douces au regard et s'élevant par une pente insensible, là abruptes et farouches, couvertes d'une verdure tantôt riche et vigoureuse, tantôt sombre et triste, arrondissant leurs flancs joyeux, chargés d'arbres et de pâturages, ou dressant d'un air morne leurs masses nues, pelées et calcinées. A chaque instant, la mer disparaissait, pour se remontrer un peu plus loin. La rapidité de notre course donnait à ces apparitions je ne sais quoi de fantasmagorique et de vertigineux.

Je me retournai vers mon ami et, sans rien dire, je lui serrai la main :

— A la bonne heure donc! fit-il. Je savais bien que tu ne pourrais me garder rancune.

Je ne répondis pas, et me remis à la portière. Tous les voyageurs, du reste, en avaient fait autant, et d'un bout à l'autre du convoi on n'apercevait que des têtes contemplant ce magnifique décor de l'entrée en Espagne. Saint-Jean-de-Luz, crânement juché sur le flanc de ses rocs et sur les bords de sa jolie baie, fuit sur notre droite. Des voyageurs se montrent l'un à l'autre Béhobie et Urrugne, célèbre parmi les touristes pour la belle inscription gravée sur le cadran de son église :

Vulnerant omnes, ultima necat.

On dépasse Hendaye, le dernier village français, puis presque aussitôt le convoi s'engage sur un beau pont de pierre tout neuf. Une rivière, d'une largeur assez respectable, coule au-dessous : c'est l'historique Bidassoa, qui forme la frontière entre la France et l'Espagne. Je cherche avidement du regard cette fameuse île de la Conférence, où Louis XI se rencontra avec Henri IV de Castille; où François Ier fut échangé contre ses deux fils envoyés à Madrid en otages; où, en 1615, la fille de Henri IV, Isabelle, fut remise à l'ambassadeur du roi d'Espagne, en échange d'Anne d'Autriche, qu'allait épouser Louis XIII; où enfin, en 1659, furent négociés, au milieu de toutes les pompes de la royauté et de toutes les minuties de l'étiquette, le traité des Pyrénées et le mariage de Louis XIV avec l'infante Marie-Thérèse. Mais l'île de la Conférence, dont il ne reste d'ailleurs qu'un morceau chaque jour rongé par les flots, n'est pas visible du chemin de fer, et il fallut me contenter de la voir par les yeux de l'imagination.

Nous voici en Espagne.

III

Irun garde la tête du pont, comme la senti-
nelle avancée du pays. On descend pour la
visite des bagages. Quelques soldats, jeunes,
minces et imberbes, se tiennent debout devant
la gare, flanqués de deux gendarmes maigres,
taciturnes, et jaunes comme des oranges. Les
douaniers qui se jettent sur nos malles, semblables à des avortons basanés, cuits et recuits
au soleil à la façon de ces pommes chétives qu'on
laisse se faner sur les arbres parce qu'elles ne
valent pas la peine d'être cueillies, achèveraient
de nous donner du premier coup une assez pauvre idée de la race espagnole, si nous n'avions
pour nous consoler une bande de solides gail-
lards, demi-mendiants, demi-gentilshommes,

qui, plantés solidement sur leurs jambes nerveuses, coiffés par-dessus leur mouchoir d'un
sombrero pointu à larges bords, et le manteau
roulé sur l'épaule, nous regardent indolemment
en fumant leurs cigarettes. A quelques pas devant eux, une fillette aux pieds nus, dont les
cheveux pendent sur le dos en une tresse de
quatre pieds, braque sur nous des yeux noirs
d'une longueur démesurée, immobiles comme
ceux d'une statue, tout en manœuvrant son
éventail de papier avec une prestesse et une
grâce qui eussent fait l'admiration de nos
grandes coquettes de la Comédie-Française. Au
moment où je passe devant elle pour retourner en wagon, elle m'apostrophe d'un : *Buenos
dias, señor caballero*, qui me fait tressaillir.
C'est l'Espagne qui me souhaite la bienvenue,
dans cette belle langue harmonieuse sans mollesse, et sonore comme un accent de clairon.

Le chemin de fer ne traverse qu'un coin
d'Irun, et naturellement le coin le plus civilisé.
Les grandes maisons blanches qui avoisinent
la gare n'ont rien de particulier que leurs balcons en fer, ombragés par de larges bandes de
toile rayée, derrière chacune desquelles on en-
trevoit le profil d'une brune *señora* encadrée
dans sa mantille noire. Dès le premier pas, on
est en pleine Espagne, comme si l'on y avait

déjà fait cent lieues, et la province de Guipuz-
coa peut rivaliser en couleur locale avec la
Vieille-Castille ou l'Andalousie. Passé les Pyrénées, il ne reste plus autour de vous un lam-
beau de la France.

On change de wagon à Irun. Il fallut nous
transborder précipitamment avec nos bagages
dans le convoi péninsulaire, qui nous attendait.

J'entends d'ici toutes les belles choses que
les amateurs outrés du pittoresque peuvent
dire contre les chemins de fer espagnols. Il est
certain qu'au premier abord ces deux mots *Espagne* et *chemin de fer* « hurlent d'effroi de se
voir accouplés ». On aime à se figurer la patrie
du Cid, de don Quichotte et de Figaro, telle
qu'elle est décrite dans le livre de Cervantes,
dans les romans picaresques, ou même simplement dans le *Tra los montes* de Théophile Gautier. Une imagination vive, nourrie de la lecture du *Romancero* et de *Guzman d'Alfarache*,
n'y rêve que landes sablonneuses, montagnes
inextricables, chemins défoncés, recoins et fondrières envahis par les torrents, *posadas* où le
voyageur est réduit à faire cuire lui-même son
omelette, à coucher dans une chambre ouverte
à tous les vents, et à regarder sous le lit pour
voir si quelque féroce bandit ne s'y tient pas

caché. Il semble qu'il n'y ait de place dans ce pays fièrement arriéré, qui, après avoir dominé l'Europe, s'est retiré avec une sorte de dédain silencieux dans son isolement, que pour les longues processions des muletiers de *Gil-Blas* ou pour la diligence antique, escortée du *zagal* en chapeau pointu et des *escopeteros* chargés d'effrayer les voleurs. Comment penser sans frémir que le sifflet du wagon retentit aux lieux mêmes où l'illustre chevalier de la Manche combattit contre un moulin à vent et qu'on est exposé à prendre un train omnibus pour Cordoue et la Giralda?

Mais en adoptant les chemins de fer, l'Espagne les a accommodés à son image, et Lazarille de Tormes lui-même eût pu se servir des wagons espagnols sans se sentir trop dépaysé. Nous nous aperçûmes dès le marche-pied que nous avions quitté le matériel français. L'étoffe des banquettes, fripée, ternie et maculée, laissait, çà et là, échapper un fragment de ses entrailles; les courroies des portières avaient perdu leurs franges, et le jour pénétrait à peine par les vitres, en proie depuis un mois aux insultes des mouches. C'est pour cela, sans doute, qu'on s'était gardé de remplacer l'une de ces vitres, qui se refusa, malgré tous mes efforts, à descendre dans la rainure, mais qui heureusement

livrait passage à un souffle de brise et à un
rayon de soleil, par une énorme fêlure qu'on
eût dit pratiquée tout exprès dans cette intention.

Ce délabrement charma mon ami :

— Comme c'est nature ! cria-t-il en s'asseyant
sur le coussin, creux au milieu, et dont les durs
rebords assassinaient les cuisses.

En parlant ainsi, il essayait vainement de
faire glisser la vitre, qui s'obstinait à rester en
place. Il voulut alors abaisser le store, et le
ressort ne déroula qu'une loque informe, qui se
mit à voltiger ironiquement devant le carreau
fêlé. Un soleil ardent envahissait le wagon, et
tombait en plein sur la figure de mon ami, qui
se tut, en essuyant avec son mouchoir son front
ruisselant.

En ce moment, nous filions devant *le Passage* : entre une masse de rochers sombres coule
un bras de mer, étroit comme un canal, qui s'é-
panouit ensuite en un lac charmant, sillonné de
voiles blanches.

Mon ami se mit à prendre avec énergie, sur
de petits carrés de papier, des notes au crayon,
que de grosses gouttes de sueur effaçaient à
mesure qu'il les écrivait. Rouge comme une
écrevisse cuite à point, transpirant par tous les
pores comme une éponge qu'on retire d'une cu-

vette, il faisait à la fois peine et plaisir à voir.

Un quart d'heure après, le convoi s'arrêtait à Saint-Sébastien.

Un gamin qui se tenait gravement devant la gare, indifférent et superbe comme un sénateur romain, chargea nos deux sacs de nuit, sur les sollicitations pressantes de notre mimique la plus expressive, et nous conduisit au *Parador real*. Il était à peine quatre heures de l'après-midi, et nous profitâmes du reste du jour pour visiter la ville.

Elle est sans caractère et ressemble, avec ses rues neuves, étroites et tirées au cordeau, à une sous-préfecture française bâtie, dans un espace resserré, suivant le style de M. Haussmann. Telle qu'elle existe aujourd'hui, elle est âgée seulement d'un demi-siècle, car il a fallu la reconstruire de fond en comble, après l'effroyable dévastation dont elle fut victime, en 1813, de la part des Anglais et des Portugais, qui étaient venus pour délivrer de la tyrannie française leurs bons amis les Espagnols. C'est à peine s'il reste quelques débris de l'ancienne ville historique, dont le nom avait retenti si souvent en France sous le règne de Louis XIV. Le seul édifice qui mérite une visite, c'est l'église Santa-Maria, avec ses hautes et larges nefs, son chœur élégant et riche et la majesté de ses proportions. Elle porte dans tous les détails de son architecture le cachet un peu païen de la Renaissance. On peut donner un coup-d'œil au *fourmillant* retable qui élève son fouillis d'anges et de saints jusqu'à la voûte de Saint Vincent.

Quand nous entrâmes dans l'église, c'était vers l'heure de l'*Angelus* du soir. Il s'y trouvait plusieurs hommes, récitant dévotement leur chapelet, et une douzaine de femmes se livrant avec activité à la grande manœuvre de l'éventail, tout en priant avec un recueillement profond. Les églises espagnoles n'ont ni chaises, ni bancs. Les señoras se reposent en s'asseyant sur leurs talons, lorsqu'elles sont fatiguées, par un mouvement d'une grâce toute particulière, et en se tenant ainsi demi-agenouillées et demi-accroupies. Rien n'est charmant à voir du seuil, dans la pénombre mystérieuse des grandes voûtes, comme cet essaim de femmes qui semblent répandues sur le pavé du lieu saint, pareil à un collier de perles égrenées, et d'où s'élève comme un mystérieux bruit d'ailes toujours en mouvement.

Au sortir de l'église, une route grimpante conduit au sommet du mont Orgullo, qui domine la ville. C'est une promenade que les jambes les plus paresseuses ou les plus délicates peuvent se permettre sans témérité. Une forteresse couronne le sommet, du haut duquel le regard s'étend sur une vue délicieuse. Au-dessous, le port, avec l'immense nappe de ses flots bleus et tranquilles, les quatre jetées qui le protégent, la magnifique plage de sable fin qui plonge dans la mer par une pente insensible et, durant toute la belle saison, sert de rendez-vous aux baigneurs aristocratiques, car Saint-Sébastien est le Trouville de l'Espagne. Devant vous, un amphithéâtre de hautes collines arrondies en demi-cercle, à l'une de ses extrémités s'effilant en falaises, à l'autre dominée par un phare dont l'œil vigilant reste toujours ouvert sur cet observatoire de rochers. A l'est s'étend une campagne fertile et riche, semée de riantes villas, sillonnée par les replis tortueux de l'Uruméa, qui vient se jeter dans la mer à vos pieds.

Le soir, après le dîner, nous allâmes nous promener sur une place entourée d'arcades, située au centre de la ville, et qui s'appelle la place de la Constitution, suivant un usage invariable en Espagne. Une foule animée, couverte des costumes les plus pittoresques, la remplissait de mouvement et de bruit. Nous nous oubliâmes à ce spectacle nouveau pour nous. La soirée était délicieuse. A l'écrasante chaleur du jour avait succédé une fraîcheur que rendait plus charmante encore la brise de la mer et des montagnes voisines. En quittant la place de la Constitution, nous prolongeâmes notre promenade à travers les rues et sur la plage où le flot blanc d'écume venait doucement nous mouiller les pieds. Au moment où nous rentrions à l'hôtel, il était dix heures et demi du soir. Un petit homme, coiffé d'un chapeau pointu, couvert d'un long manteau que relevait par derrière le fourreau d'une épée ou le manche d'un bâton planté transversalement dans sa ceinture, vint nous mettre sous le nez, sans mot dire, la lanterne qu'il portait à la main ; puis il reprit lentement sa marche, en glapissant d'une voix aiguë, sur un mode étrange et plaintif, une sorte de cri d'avertissement dont nous ne comprîmes pas un seul mot.

Nous interrogeâmes l'hôtelier, en le menant sur le seuil de sa porte et en lui montrant du doigt le personnage, encore visible dans l'éloignement, grâce à sa lanterne :

— *El sereno, señores*, nous répondit-il.

Le sereno ! c'était le sereno, ce crieur de nuit, chargé de réveiller de quinze minutes en quinze minutes les habitants endormis de toutes les villes de l'Espagne, en leur chantant, sur un air connu, l'heure qu'il est et le temps qu'il fait.

Mon ami voulait absolument courir après lui pour dessiner son costume. J'eus grand mal à le retenir. Mais ce nouveau trait de couleur locale l'avait plongé dans une exaltation difficile à décrire.

Je dormais à poings fermés, et il devait être près de minuit, lorsque je sentis une main se poser sur mon épaule et me secouer doucement.

— Écoute, disait une voix à mon oreille, es-tu un homme?

Je me mis sur mon séant, en me frottant les yeux.

— Es-tu un homme? répéta la voix.

— Mais, je le crois. Qu'y a-t-il?

— Ce qu'il y a? fit la voix avec un accent de résolution sombre. Voici. Les choses ne peuvent pas se passer comme ça. Je viens de la gare. Il ne faut que cinq heures pour aller d'ici à Vitoria. Il y a un train dans la matinée. Saint-Sébastien n'est pas une ville espagnole : elle ressemble à Pont-à-Mousson. Vitoria, au contraire, c'est le type de la vieille cité péninsulaire : lis Gautier. Et puis de grands souvenirs historiques! J'ai un oncle qui y a été fait prisonnier, à la fameuse déroute de 1813. Il me reste encore deux jours libres avant mon prochain feuilleton. Tu viens avec moi, n'est-ce pas?

J'avais écouté, ahuri, ce flux de paroles incohérentes, et je ne répondis rien.

— Es-tu un homme? reprit rudement mon ami. Viens-tu, oui ou non?

— Pas tout de suite, j'espère!

— Non. Demain matin. Je me charge de te réveiller. Je ne me couche pas.

— Nous en recauserons, dis-je en me renfonçant sous les couvertures.

— C'est entendu, fit-il en s'éloignant.

Je n'eus pas la force de lui répondre que ce n'était pas entendu du tout, et je me rendormis, en remettant les explications à un moment plus opportun.

Le lendemain, en même temps que le soleil pénétrait par la fenêtre dans ma chambre, mon ami y entrait par la porte.

— Debout, cria-t-il du seuil. Je t'attends.

En trois minutes je fus prêt; il me prit par le bras, et nous descendîmes l'escalier. Je comptais sur le déjeuner pour m'expliquer à l'aise et lui faire entendre raison. Mais je fus surpris de le voir passer fièrement devant la salle à manger, en répondant par un petit signe de tête protecteur au salut de l'hôtelier, qui se mit à nous escorter chapeau bas jusqu'à la porte.

— Nous ne déjeunons pas, fit mon ami, ré-

pondant à ma pensée. Il y a un buffet à Tolosa,
où nous serons dans une heure. La note est
payée. Nos bagages sont partis en avant. Dé-
pêchons : nous n'avons pas dix minutes devant
nous.

Le saisissement me coupa la parole. D'ailleurs, mon ami m'entraînait à grands pas, et
j'étais à peine réveillé. Puis un moment de réflexion me rassura. En somme, cette excursion
nouvelle n'avait rien de bien effrayant. De quoi
s'agissait-il ? De quelques heures, d'un jour au
plus, et cela, pour pénétrer au cœur même de
l'Espagne, dont je n'avais pu jusqu'à présent
qu'entrevoir les abords. Je fis donc trêve à toute
récrimination, et avant même d'entrer en wagon, j'étais déjà parfaitement résigné.

La première station après Saint-Sébastien
s'appelle Hernani. Il serait bien dénué de toute
poésie romantique, le cœur qui ne bondirait pas
d'enthousiasme à ce nom consacré :

— Hernani ! comme c'est nature ! s'écria mon
ami en jetant sur moi un regard triomphant.

Et il prit une note.

Comme il avait été convenu, nous nous arrê-
tâmes au buffet de Tolosa. Don Quichotte en
eût peut-être été satisfait, mais Sancho, à coup
sûr, l'eût maudit de toute son âme, et je
n'éprouve nul embarras de convenir que je

fis moi-même ce qu'aurait fait Sancho à ma place.

Enfin, assez maigrement lestés, nous remontâmes en wagon de fort mauvaise humeur. Heureusement, le paysage que traversait le convoi allait nous ménager une puissante diversion contre les tortures de la faim.

Jamais décor mouvant d'opéra ne déroula sous les yeux du spectateur une succession de tableaux aussi rapide et aussi variée. La voie ferrée tantôt s'enfonce sous des tunnels obscurs ou s'encaisse entre des roches aux flancs abrupts et sauvages; tantôt se lance à travers une forêt, ou domine de frais et charmants vallons, des champs de maïs qui alternent avec des champs d'oliviers. Mais toujours elle est dominée elle-même par les grandes lignes de montagnes qui se perdent dans les profondeurs infinies de l'horizon.

A tout instant, les aspects changent, et chaque détail a l'air arrangé à souhait pour les besoins du pittoresque.

Entre Beasaïn et Olozagusia, les tunnels se multiplient. J'en ai compté vingt-cinq coup sur coup. Le plus étendu se développe sur la longueur effrayante de trois mille six cents mètres, et il a fallu le percer comme les autres en pleine roche granitique. La compagnie du Nord de l'Espagne a accompli là un travail formidable, l'un des plus extraordinaires de tous ceux par lesquels nos ingénieurs modernes rivalisent avec ces géants d'autrefois, qui fendaient les montagnes en deux d'un coup d'épée.

IV

Une heure et demie après avoir dépassé ce tunnel monstre, le convoi faisait son entrée à Vitoria, et dix minutes plus tard nous étions assis, hélas ! à la table de la *fonda* Pallarès.

Mais le moment n'est pas encore venu de parler de la cuisine espagnole. Quand la mesure sera comble, on nous permettra de nous soulager. En attendant, on assure que le señor Pallarès tient à prendre à sa manière, sur les voyageurs français, une revanche de l'invasion, et à leur donner une répétition, sur un autre terrain, de la fameuse déroute de Vitoria.

Il ne faut pas plus de deux ou trois heures pour voir la ville à fond. Elle ne manque pas de caractère et d'originalité. Je laisse de côté, bien entendu, la partie moderne avec ses rues presque droites, ses cafés presque élégants, ses deux ou trois avenues plantées d'arbres, et sa place neuve, dont il n'est pas besoin de dire le nom. Les habitants de Vitoria sont très-fiers de cette place, formant un carré parfait de soixante mètres de côté, entourée de bâtiments de même hauteur, que précèdent des rangées d'arcades à pilastres doriques, et dallée tout entière comme une cour. Ils sont fiers aussi de l'hôtel de ville qui s'élève au centre, avec son bel escalier double, son grand balcon de pierre et sa façade décorée des armes locales. Les arcades forment une promenade couverte, très-hantée l'hiver.

A peine étions-nous sortis de l'hôtel que le bruit de la musique nous guida vers la place. Bien qu'on fût en plein jour, il s'y donnait un concert devant la société élégante de Vitoria, assise sur une quadruple rangée de chaises. En nous voyant paraître, deux de ces messieurs, qui devinaient notre qualité d'étrangers, se levèrent et vinrent nous présenter leurs propres siéges avec une courtoisie d'hidalgos, dont nous les remerciâmes d'un geste, avec toute l'urbanité des chevaliers français. Mais le concert se prolongeait, et, au risque de faire un affront à nos deux protecteurs, nous ne tardâmes pas à prendre discrètement congé pour continuer notre promenade.

On pénètre de la *ville neuve* par trois portes dans la *vieille ville*. Celle-ci se compose d'une demi-douzaine de rues groupées en désordre au pied de la *ville haute*, encore entourée d'une ceinture de murailles et de boulevards en ruine. Les voies étroites et montantes de cette partie de Vitoria sont bordées de maisons gothiques, d'un caractère tout indigène, avec grands balcons à toutes les fenêtres, devantures bizarrement sculptées, tailladées, zébrées d'arabesques et de rayures sans nombre, larges portes où des rangées d'énormes têtes de clous dessinent des figures géométriques, et qui, en s'ouvrant, laissent voir des salles d'habitation à peu près aussi meublées, aussi propres et aussi confortables que les granges de nos villages français.

Nous rencontrâmes deux ou trois églises d'un assez bon style, dont l'une possède un maître-autel des plus curieux, œuvre de Juan Velasquez et de Gregorio Hernandez, deux de ces grands artistes espagnols qui ont semé leur pays de chefs-d'œuvre et qui sont complétement inconnus au delà des Pyrénées. Un ancien couvent qui sert aujourd'hui de caserne nous frappa surtout par l'architecture étrange de sa façade. Pendant que nous l'examinions, notre regard, en descendant vers la partie inférieure, tomba sur une grande affiche, décorée d'une image primitive où l'on voyait un taureau, fondant, les cornes baissées, sur un jeune homme qui l'esquivait avec grâce en faisant voltiger devant ses yeux une cape de satin. Au haut de l'affiche, ce titre magique : *Corrida de toros*, étincelait en lettres de six pouces de haut.

Je sentis mon cœur battre, et me rapprochai d'un bond. Mon ami en fit autant, et je crois qu'il n'était guère moins ému. Je défie le Français le plus sceptique et le plus blasé de garder son sang-froid en pareille circonstance. *Corrida de toros!* Ces mots venaient d'évoquer dans mon imagination tout un monde chevaleresque et poétique, où Florian tenait tête à Théophile Gautier, où la romance du *Dernier des Abencérages* se mêlait confusément aux dessins de Gustave Doré.

Aucun de nous deux n'était bien fort sur la langue espagnole, mais en mettant tout notre fonds en commun, et à l'aide d'un vocabulaire portatif qui ne quittait pas ma poche, nous parvînmes à épeler suffisamment les lignes principales de l'affiche pour comprendre que le combat de taureaux avait lieu à Burgos, le lendemain même, et que le héros de la fête devait être *el señor Gordito*, l'une des plus fines et des plus terribles lames de la profession, le rival heureux du grand Cucharès.

Nous nous regardâmes instinctivement. Une même pensée, un même désir traversaient nos yeux.

— Je ne peux pas, fit mon ami d'une voix faible et mal assurée. Je suis déjà en retard. On m'attend. J'ai mon feuilleton à donner après-demain.

— Tu le feras ce soir à Burgos, et tu l'enverras par la poste.

— Non, en vérité, je ne puis. Il faut être raisonnable. Je... Ah! quel dommage!... Le fait est que... Mais non, c'est impossible. Que dirait mon directeur?

— Un combat de taureaux! repris-je avec feu. Il faudrait n'avoir pas de sang dans les veines pour manquer une occasion pareille. C'est à moi maintenant de te demander : « Es-tu un homme? » Voyons, mon ami, je suis venu de Paris à Vitoria pour toi, tu ne peux refuser de venir pour moi de Vitoria à Burgos.

— Non, ne me tente pas, murmura le malheureux, qui suait à grosses gouttes.

— Et le magnifique sujet de feuilleton qu'il y a là dedans! continuai-je sans pitié, sentant qu'il mollissait de plus en plus. Avec le talent que je te connais, tu vas révolutionner tout Bordeaux.

Ce dernier argument porta coup. J'avais trouvé le joint de la cuirasse. Il essaya de se récrier contre ce qu'il appelait mes exagérations, en ne demandant pas mieux que de se laisser convaincre. Mais le terrain de la discussion était déplacé, et, rivant mon bras au sien, j'emmenai triomphalement ma victime à mon tour, en repoussant par de victorieuses répliques les derniers et timides essais d'objections qui se pressaient sur ses lèvres. Une heure après, nous roulions à toute vapeur sur la route de Burgos :

— Je fais une folie, dit-il en s'étendant sur la banquette du wagon où nous étions seuls. Et si l'on me donne congé ?

— Je t'adopterai, m'écriai-je dans un noble élan d'enthousiasme dont je ne me repens pas.

Quelques minutes avant minuit, le train pénétrait dans la gare de Burgos, car, si choquant que ce détail puisse être pour les amateurs forcenés de couleur locale, Burgos a une gare, puisqu'elle a un chemin de fer.

Une espèce de patache des temps héroïques nous transporta du débarcadère à l'hôtel de la

Raffaëlla, où une maritorne à l'œil glauque,
qui devait descendre en droite ligne de Dulcinée du Toboso, nous conduisit directement
sous les combles, dans une petite chambre à
deux lits, la seule que l'affluence des visiteurs
attirés par la course de taureaux eût laissée
libre dans tout l'hôtel. Il y faisait suffocant,
les murs suintaient je ne sais quelle odeur intime de miasme qui semblait faire partie de
l'atmosphère naturelle de la pièce, et toute la
nuit nous fûmes tenus en éveil, d'abord par de
vagues inquiétudes cutanées, puis par des dé-
mangeaisons aiguës et pénétrantes. Durant six
longues heures, des nuées d'ennemis invisibles demeurèrent attablés à leur horrible festin. Tout nous fut expliqué le lendemain, quand
nous eûmes appris qu'on nous avait logés dans
la chambre même de la maritorne qui nous
avait servi de guide, et de la laveuse de vaisselle, sa compagne.

Compatriotes qui voyagez au delà des Pyrénées, méfiez-vous des insectes espagnols! La
chaleur du climat a passé dans leur sang. Le
sobre et maigre Ibérien, relié en basane jaune,
impénétrable au dard et à la trompe, ne leur
fournit qu'une alimentation chétive, et ces petites bêtes affamées saisissent avec une joie
féroce, mais bien explicable, la moindre occa-

sion de se dédommager sur une peau exotique et sur un sang français.

Il n'y avait pas un quart d'heure que j'étais parvenu à m'endormir d'un lourd sommeil battu de rêves désordonnés, lorsque le son d'une fanfare qui semblait parti de ma fenêtre, me fit dresser en sursaut. Étonné, je m'assis sur mon séant. Pour la seconde fois, la même fanfare s'éleva, dans le silence de l'aube naissante : c'était une sorte d'appel doux et prolongé, étrange et puissant, belliqueux et mélancolique en même temps. Une autre fanfare lui répondit dans le lointain, puis une autre encore. Pendant quelques minutes, l'illusion fut complète : je me sentis transporté à huit siècles en arrière, et, continuant mon rêve tout éveillé, je crus voir entrer par ma fenêtre, à cheval, armé de pied en cap et la lance en arrêt, le fantôme du Cid Campéador, revenant en triomphe dans sa bonne ville natale.

La fanfare s'élevait d'une caserne de cavalerie qui fait face à l'hôtel ; mais cette fanfare-là remonte assurément au temps des Maures, et elle a dû être sonnée jadis par les compagnons de Rodrigue, qui l'ont transmise à leurs descendants.

Le premier coup d'œil que je laissai tomber sur Burgos par ma fenêtre m'étonna : j'aperce-

vais pour tout monument une caserne pareille
à toutes les casernes connues, et sous mes
pieds une rue quasi tirée au cordeau et bordée
de maisons blanches, sans aucun caractère. Ce
n'était pas là ce que m'avaient fait attendre le
nom de la ville et le souvenir du Cid.

Après l'inévitable tasse de chocolat, avalée
tout entière en une demi-gorgée, nous nous
hâtâmes de descendre et de vaguer au hasard.
A mesure qu'on s'éloigne du centre, le pittoresque se montre, et l'on retrouve des coins
tout entiers de la vieille cité, telle que peut la
rêver l'imagination la plus exigeante. Sur la
place de la Liberté, encastrée au milieu de maisons modernes, s'élève, avec son élégant *patio*,
ses deux petites tours écrasées, les armoiries
gothiques qui décorent sa façade, le grand cordon de l'ordre Teutonique curieusement sculpté
au-dessus du seuil en forme de tympan et
qui lui a donné son nom, *la Casa del cordon*,
qui date du xve siècle. Vers la sortie de la
ville, non loin de cette belle promenade de
l'Espolon qui fait l'orgueil de Burgos, la porte
monumentale de Santa Maria, bâtie en l'honneur de Charles-Quint, étale les six statues qui
la décorent et les six tourelles dont elle est
hérissée. En montant vers la partie haute, on
rencontre l'arc de Fernan Gonzalès, d'une

forme bizarre, malgré les intentions classiques
dont il est pavé. L'architecte y a prodigué les
obélisques terminés en boules, qui couronnent
le second étage du monument et coiffent ses
colonnes doriques comme autant de bonnets
carrés. Nous nous engageâmes résolûment dans
un inextricable réseau de ruelles sombres, pa-
vées de cailloux aigus et durs comme du fer,
qui nous déchiraient la plante des pieds. Un
spectacle admirable nous attendait au bout de
cette escalade. Une ligne de montagnes peu
hautes, mais aux ondulations abruptes, profile
à l'horizon ses flancs couverts de ruines superbes et ses crêtes couronnées de forteresses
qui ressemblent à des nids de vautours. Des
restes de remparts démantelés suivent les plis
de terrain, reliés par des fragments de tours
dont les monceaux de décombres dessinent encore la forme. Du côté qui touche à la ville se
dresse, debout dans la masse indestructible de
ses assises de briques et de pierre entremêlées,
la porte de San Esteban, flanquée de deux tours
quadrangulaires, trapues et solides, et couronnée par un arc en fer à cheval.

En suivant la ligne extrême des hautes
ruelles de Burgos, après un grand quart d'heure
de marche sur les cailloux pointus, à travers les
tas de pierres et les monceaux de ruines, le

long des maisons sombres et des grandes murailles, on finit par arriver au Campo-Santo.
C'est un endroit riant, gai, lumineux, situé
dans une oasis de verdure, d'où l'on domine
Burgos et la campagne environnante, et si bien
blanchi, si coquettement étagé sur ses marches
de pierre, qu'il donnerait l'idée de s'y faire en-
terrer. *Enterré*, d'ailleurs, n'est pas ici le mot
propre, car les cercueils, au lieu d'être enfouis
dans le sol, sont poussés et scellés dans des
trous faits au mur. L'enceinte circulaire est
tapissée du haut en bas de plaques funéraires
encadrant exactement l'ouverture de ces lugubres tiroirs de la mort.

Nous rencontrâmes en redescendant vers la
ville, un monument indéfinissable, composé de
deux obélisques piteux et d'une colonne tron-
quée. C'est l'emplacement de la maison du Cid.
La colonne porte l'écu armorié et l'écusson du
grand capitaine; l'un des obélisques est décoré
aux armes de Burgos, l'autre aux armes du
monastère où le Campéador fut enterré. Ce monument ne date que de 1784, et il est du goût
le plus pauvre et le plus mesquin, comme la
plupart de ceux qu'a produits l'Espagne dégé-
nérée, depuis le xvii siècle.

Tout, à Burgos, est rempli de ce glorieux
souvenir; tout le rappelle et le crie à chaque

pas. L'hôtel de ville garde ses restes et ceux de
sa femme, doña Chimène, en un petit oratoire
sans style et sans cachet, indigne du héros. On
montre à la cathédrale, dans une des salles de
la sacristie, un vieux coffre suspendu à la muraille par des crochets recouverts d'une rouille
séculaire, et qu'une inscription désigne comme
le coffre du Cid : c'est celui-là même, dit-on,
qu'il remplit de ferraille et de sable, et remit en
gage à des marchands juifs contre une somme
de six cents marcs d'argent, dont il avait besoin
pour aller guerroyer contre les Maures. Je ne
sais si ce meuble est bien authentique, mais ce
que je puis dire, c'est qu'il mérite de l'être :
jamais, en fait de coffre, je n'ai rien vu d'aussi
formidablement bardé de fer, d'aussi foncière-
ment vermoulu, d'aussi vénérablement dé-
labré. Vous rencontrerez par la ville la rue
del Cid et vous passerez devant la petite église
de Santa-Agueda, du style ogival le plus pur,
où le terrible capitaine conduisit un jour le roi
de Castille, Alphonse VI, pour lui faire jurer
qu'il n'avait pas eu part au meurtre de son
frère don Sanche. Enfin, à deux lieues de Burgos, dans l'ancien couvent de San-Pedro de
Cardena, qui faisait partie des domaines du
Cid, et où son palais se trouvait encore enclavé
il y a un siècle et demi, vous verrez le tombeau,

maintenant vide, du héros et de sa femme, entouré d'un cercle de monuments sur lesquels se lisent les noms de son père, de sa mère, de son fils, de ses filles, de tous ceux qui lui tinrent de près, et qu'a immortalisés la Muse du *Romancero*. La légende assure que les ossements du Cid s'agitaient dans sa tombe chaque fois qu'on se battait en Espagne.

Comment s'étonner si de tels souvenirs, rappelés à chaque pas, donnent une sorte de vertige à l'imagination, et si le voyageur, qui marche ainsi en pleine légende héroïque, finit par perdre le sentiment de l'époque présente? Qu'au milieu de ce beau rêve un érudit vienne me tirer par la manche et me dire : « Prenez garde! vous vous laissez duper par les conteurs de fables. Ce Cid des romances, de Guilhem de Castro et de Corneille, n'est pas du tout le Cid de l'histoire. Le vrai Cid n'était qu'un chef de bandes, d'une loyauté sujette à caution, qui ne se faisait nul scrupule d'entretenir à sa solde des troupes d'aventuriers maures et de piller les églises et les cloîtres, » je prierai ce trouble-fête de me laisser en paix : tant que je suis à Burgos, j'aime mieux ma légende que ses histoires.

Burgos, ancienne capitale de la Vieille-Castille, est pour ainsi dire le cœur même de la véritable Espagne, de l'Espagne dans sa virginité chrétienne et chevaleresque. Tolède et ces admirables villes du midi, Cordoue, Séville, Grenade, Cadix, portent au front la marque de la domination moresque ou romaine. Mais l'immaculée Burgos, digne patrie du Campéador, n'a abâtardi par aucun mélange le pur sang de l'Espagne qui coule dans ses veines.

La ville est petite, et la cathédrale en occupe le centre. Toutes les rues semblent tourner autour d'elle et finissent toujours par vous y ramener. De près ou de loin, on la rencontre partout. La cathédrale de Burgos est l'un des plus rares chefs-d'œuvre de l'architecture religieuse, en Espagne et dans tous les pays. Le xiiie siècle n'a rien produit de plus merveilleux. La façade, un peu nue, par suite des grattages et des *restaurations* de ces stupides *gens de goût* qu'effarouchait la merveilleuse efflorescence de l'art gothique, n'en produit pas moins un effet saisissant, avec ses deux clochers de trois cents pieds de haut, percés à jour, d'une hardiesse et d'une légèreté singulières. Elle est encaissée par de misérables bâtiments qui ne permettent pas de l'embrasser dans une vue d'ensemble; mais quand on la domine de quelque distance, l'œil plonge sur une immense végétation de pierre qui fait ressembler le sommet de l'édifice,

avec plus de correction, de grâce et de majesté,
à ces pétrifications merveilleuses des grottes
féeriques de l'Écosse. L'église est couronnée
par une coupole surhumaine, brodée intérieure-
ment comme une dentelle, ouvragée comme la
plus riche tapisserie, qui suspend au-dessus de
la voûte, dans la perspective où le regard s'enfonce avec une admiration voisine de l'ivresse,
une forêt aérienne de statues, d'arabesques,
d'ornements de tout genre. Au dehors, la coupole s'élance en une tour octogone qui disparaît
sous un amas de flèches et de clochetons dente-
lés, de tourelles pyramidales, le long desquelles
grimpent des faisceaux de sveltes piliers, sous
une décoration exubérante où la grâce et la délicatesse la plus exquises s'unissent à la soli-
dité. On comprend le mot de Philippe II, qui
regardait ce dôme comme l'ouvrage des anges
plutôt que des hommes, et celui de Charles-
Quint, qui eût voulu qu'on l'enfermât dans un
écrin comme un joyau unique dont il ne faut pas
prodiguer la vue.

La plupart des chapelles forment autant
d'églises dans l'église. Celle du Connétable est
à elle seule un véritable édifice ajouté à la cathédrale, et ses tombeaux, ses statues, ses
bas-reliefs, ses retables, ses grilles superbes
retiennent le visiteur pendant des heures en-

tières. Celle de Sainte-Thècle est décorée avec
une splendeur de mauvais goût que bien des
touristes trouvent ravissante : dorée sur tran-
ches du haut en bas, comme un missel, elle
éblouit l'œil jusqu'à le fatiguer, et Notre-Dame
de Lorette pourrait passer à côté d'elle pour un
type de simplicité sévère. Dans la chapelle du
Christ, l'autel est surmonté d'une effigie du di-
vin crucifié à laquelle la légende attribue une
origine et une histoire miraculeuses, mais qui
est plus célèbre encore par un caractère de
réalisme presque effrayant. Le corps est formé
d'une peau d'hippopotame, disent les uns, d'une
peau d'homme, assurent les autres, très-minu-
tieusement rembourrée, de manière à rendre la
souplesse de la chair, le jeu des muscles et les
articulations des membres. Il porte sur de *vrais*
cheveux une *vraie* couronne d'épines, et des filets d'un sang *vrai* ruissellent de ses plaies
béantes. Les cils des yeux et les poils de la
barbe ont été plantés un à un. Lorsqu'on écarte
le rideau qui le cache, et que cette figure lugubre
apparaît dans la pénombre mystérieuse du sanctuaire, à la vague lueur des cierges, l'imagination, frappée par ce spectacle, remonte jusqu'au
Calvaire, et croit voir apparaître le cadavre encore chaud du Christ.

Dès qu'on a pénétré dans le chœur, on ne peut

plus s'en arracher. La grille massive et monumentale, l'immense retable de bois doré, qui
retrace en douze compositions les gloires et les
douleurs de la Vierge, la suite de bas-reliefs in-
comparables qui déroulent l'histoire de la Passion, sculptée par le ciseau de Philippe de Bour-
gogne, surtout ces stalles et ces boiseries
merveilleuses où l'imagination de l'artiste s'est
déployée en caprices d'une verve, d'une abondance, d'une fantaisie charmantes, tout cela
nous retiendrait si longtemps que j'aime mieux
fermer les yeux et détourner la tête pour
ne pas succomber à la séduction de mes souvenirs.

Les autres églises de Burgos disparaissent
dans le rayonnement de la cathédrale, comme
les étoiles dans celui du soleil, sans ce redoutable voisinage, l'originalité de leur architecture et de leurs moindres détails mériterait un ample examen. Saint-Nicolas, par
exemple, que nous rencontrâmes à deux pas
de la basilique, au moment où nous étions
étourdis et écrasés d'admiration, trouva moyen
de nous arracher encore une station prolongée
devant son immense retable, merveille de
richesse et d'exubérance délicate. De la dalle
à la voûte, tout un monde de saints personnages s'épanouit dans ce magnifique en-

tassement d'arcades, de colonnettes, de dais, de rosaces et d'arabesques, que domine la statue du saint, et que flanquent de chaque côté deux curieux sépulcres nichés dans la muraille, qui leur sert de voûte et d'encadrement, et qu'on dirait sculptés en plein roc.

Saint-Gil, une autre antiquité de l'âge le plus respectable, offre à l'intérieur un type de pureté et de hardiesse légère; mais, au dehors, elle a l'aspect massif d'une forteresse. Nous allions quitter l'église, sans y avoir remarqué aucune curiosité artistique, lorsqu'un bambin aux yeux noirs, qui nous suivait depuis le seuil, remarquant notre mouvement de retraite, s'élança au-devant de nous d'un air moitié indigné, moitié suppliant, et, nous ayant fait tourner la tête, courut à un autel latéral et tira précipitamment un cordon. Un rideau s'écarta, et nous vîmes, au-dessus du tabernacle, un Christ en croix, recouvert d'un riche jupon constellé, qui allait de la ceinture aux pieds. Depuis, j'ai vu cent fois ces jaquettes aux Christs espagnols; mais cette première apparition m'étonna, et je tendis un réal à l'enfant, qui, après avoir soigneusement refermé le rideau, s'éloigna d'un pas grave, fier du succès qu'il avait obtenu.

Quand nous sortîmes de Saint-Gil, il était environ trois heures. Une musique étrange reten-

tissait au loin dans les rues, approchant par
degrés de notre côté. Trois minutes après, dé-
bouchaient devant nous quatre grands esco-
griffes de musiciens, vêtus de rouge, d'une
main tenant une flûte à bec, de l'autre tapant
sur un petit tambour qui leur tombait au côté
gauche, attaché en bandoulière. L'ensemble formait une mélodie d'un caractère lamentable,
qui n'eût même pas fait danser des ours, et
que le costume des exécutants contribuait à
rendre tout à fait lugubre. Une interminable
file de gamins s'était vissée à l'épine dorsale de
ce quatuor ambulant, et toute la ville s'ébranlait
pour se rendre à la course de taureaux. Nous
suivîmes la foule.

Dès le matin, nous avions fait retenir au cirque nos places *à l'ombre,* qui nous avaient
coûté bel et bien six francs à chacun, comme
une stalle de balcon prise au bureau du Théâtre-
Français. Il n'y a généralement que deux sortes
de places : les places à l'ombre et les places au
soleil. Dans ces dernières, un Français serait
consumé à vue d'œil, et finirait par s'évapo-
rer en eau.

La *plaza de Toros* a la forme d'un cirque immense, dont les bancs s'étagent en gradins. Les
places supérieures se divisent en loges, dont
chacune peut contenir une dizaine de personnes;

mais ces loges, réduites à leur plus simple expression, dépourvues de tout coussin et de toute draperie, ne se distinguent absolument des places inférieures que par leur position à l'ombre et par les barrières qui les séparent.

En un clin d'œil, le cirque fut rempli par une marée montante de curieux. Un tapage énorme, terrible, étourdissant, s'élevait de la foule, mise en gaieté par l'attente de son divertissement favori.

Il s'en faut qu'un combat de taureaux soit aussi poétique à voir qu'à décrire. L'agilité des *chulos*, la prestesse élégante des *banderilleros*, l'audace, l'adresse et le terrible sang-froid du toréador, voilà la partie brillante et qui peut passionner la foule ; mais que d'ombres à ce tableau, depuis les chevaux éventrés et laissant pendre leurs entrailles, jusqu'au coup de couteau de l'ignoble *cachetero*, qui vient achever traîtreusement la bête mourante ! Que de détails à soulever le cœur, et qui font, en définitive, de la *corrida* un spectacle de bouchers saltimbanques et prestidigitateurs ! Cependant mon lecteur n'échappera pas à une courte description. Un combat de taureaux, c'est le morceau inévitable dans tout voyage en Espagne ; mais je promets de ne me laisser entraîner à aucun effet poétique à la *Gonzalve de Cordoue*.

C'était le troisième jour des courses. La veille,
un picador avait été atteint à la poitrine par la
corne d'un taureau, et il était mort dans la
nuit; en signe de deuil, tous ses compagnons
avaient substitué la ceinture noire à la ceinture
rouge. Mais cette fois il n'arriva malheur qu'aux
chevaux, et sauf deux ou trois picadors que le
taureau souleva sur ses cornes à cinq ou six
pieds de terre avec leurs montures, ou qui tom-
bèrent sous leurs chevaux et eussent été éventrés net sans l'espèce d'armure qu'ils portent
sous leurs habits dans la partie inférieure du
corps, le spectacle se passa sans encombre pour
la bande des *toreros*. Il y eut pourtant, dans cette
lutte, plus d'un trait de périlleuse bravade et de
singulière audace. Le premier ténor de la troupe,
el señor Gordito, poussa l'impertinence envers
le taureau jusqu'à l'attendre, avec ses deux
banderillas à la main, assis sur une chaise, qu'il
finit même par lui jeter à la tête, après l'avoir
vainement nargué en lui tournant le dos à trois
pas de distance, et en coiffant une de ses cornes
de son chapeau. La chaise vola aussitôt en mille
pièces, et dans ce tourbillon de débris on vit la
bête qui fondait furieusement sur le *torero*, et
s'arrêtait tout à coup en mugissant, les deux
banderillas accrochées au cou. A ce beau trait,
l'enthousiasme éclata en bravos frénétiques; les

éventails, les cigares, les casquettes et les *sombreros* se mirent à pleuvoir de toutes parts dans l'arène : c'est la belle manière d'applaudir à la course de taureaux.

Il faut d'ailleurs rendre pleine justice à l'impartialité des spectateurs espagnols dans ce genre de spectacle. Hommes et bêtes, ils les applaudissent ou les sifflent suivant leur mérite. Un *espada* maladroit, qui avait manqué son coup d'épée et s'était honteusement enfui, comme un simple *chulo*, en bondissant par-dessus la barrière, pour éviter l'animal qui le serrait de près, la corne dans les reins, fut couvert de huées et de trognons de choux. Sur les six taureaux successivement immolés, il y en eut deux surtout qui se firent applaudir comme des premiers sujets, par la magnifique furie de leurs coups de cornes et la belle grâce avec laquelle ils désarçonnèrent tous les picadors, mirent tous les *chulos* en déroute et éventrèrent chacun sa demi-douzaine de chevaux. Mais le dernier se montra si tiède et si mou que les spectateurs le couvrirent d'injures avec une exaspération qui ne tarda pas à atteindre les dernières limites de la fureur. Et comme, au lieu de s'en émouvoir, il se laissait piteusement acculer dans l'arène, en soufflant comme un phoque et se battant les flancs avec la queue, la

foule se mit à hurler de toutes parts : *Perros!
perros!* « Les chiens! les chiens! » et : *Fuego!
fuego!* « Le feu! » Il est d'usage, en effet, qu'on
livre à l'attaque d'une meute de chiens les taureaux flasques et endormis, ou que, pour les
exciter, on les harcèle avec des *banderillas*
enflammées, qui contiennent quelquefois des
pièces d'artifice. Durant un grand quart d'heure,
les cris de *Fuego!* ébranlèrent le cirque; spectateurs et spectatrices, debout sur leurs bancs,
dans un élan formidable, brûlaient leurs éventails, dont ils secouaient tumultueusement la
flamme pour appuyer leurs réclamations. Mais
le gouverneur s'obstina à faire la sourde oreille,
et il fallut tuer honteusement le taureau comme
un mouton.

Cette représentation lugubre est mêlée d'in-
termèdes comiques. Pendant l'entr'acte qui suit
la mort de chaque taureau, l'attelage de mules
est amené dans l'arène. Elles arrivent fringantes,
reluisantes, couvertes de houppes et de fanfrelu-
ches, avec un grand bruit de grelots joyeux ; mais
dès qu'elles aperçoivent le corps, elles regimbent
et rien ne peut les décider à en approcher. Il faut
que dix hommes les poussent par devant, les
tirent par derrière, se suspendent de tout leur
poids à la bride, à la queue, aux oreilles, aux
jambes de ces bêtes obstinées, pour parvenir à

accrocher le cadavre aux crampons que l'attelage porte à son arrière-train. Cette laborieuse
opération terminée, en un clin d'œil les dix
hommes s'écartent, et les mules partent aussitôt en un galop effréné, furieux, fantastique, escortées par leurs conducteurs qui mettent un point d'honneur bizarre à ne pas se
laisser dépasser d'une ligne et à courir comme
des démons, les uns devant elles, en les tenant
par la bride, les autres sur les côtés, en les cin-
glant d'une grêle de coups de fouet.

Tout le temps que dure le spectacle, les amateurs, sans en excepter ceux du beau sexe,
pointent sur le programme, dans des colonnes
dressées *ad hoc*, le nombre et la nature des coups
que le taureau a reçus, les chevaux et, au
besoin, les hommes qu'il a tués, etc., etc. Une
dernière colonne est réservée pour les observa-
tions particulières, et le précieux papier se garde
dans les archives de la famille, où il se trans-
met de génération en génération. Dès l'âge le
plus tendre, les enfants sont initiés aux jouissances de ce spectacle essentiellement indigène.
J'avais autour de moi une douzaine de matrones
allaitant leurs poupons, et sur les bancs infé-
rieurs, à côté des places réservées aux soldats
de la garnison, on pouvait voir toute une école
de bambins amenés par l'instituteur, qui dévo-

raient des yeux les taureaux et les toréadors.

Nous sortîmes du cirque sans enthousiasme, dînâmes sans appétit, ce qui est la meilleure manière de dîner en Espagne, et, comme il n'y avait pas de train qui partît le soir, nous remontâmes mélancoliquement nous exposer aux bêtes dans la redoutable mansarde. Je rêvai toute la nuit qu'un taureau taquin prenait plaisir à m'éventrer, et que j'étais condamné à l'attendre assis sur une chaise, toutes les fois qu'il tenait à recommencer cette opération. J'entendais passer de vagues gémissements dans mes rêves, et par moments il me semblait qu'on m'appelait à l'aide; mais j'avais la conscience d'être beaucoup trop sérieusement occupé moi-même pour aller au secours de qui que ce fût.

Il avait été convenu, la veille, que nous reprendrions dans la nuit le train de quatre heures quarante-cinq minutes pour rentrer en France. A quatre heures précises, la Dulcinée vint frapper à la porte de notre chambre un maître coup de poing que n'eût pas désavoué Chimène. Je m'éveillai en sursaut, au moment où le taureau s'apprêtait à m'éventrer pour la quinzième fois, et je criai à mon camarade : « Debout! » Un soupir faible et inarticulé me répondit. Je me précipitai,

> . . . Dans le simple appareil
> D'*un critique* qu'on vient d'arracher au sommeil,

Un grand cri d'angoisse s'échappa de ma poitrine. Sur le traversin du lit voisin s'étalait une figure bouffie, gonflée, couturée, n'ayant plus forme humaine, où les yeux et le nez disparaissaient entre deux boursouflures de chair et que l'œil seul d'un ami pouvait reconnaître encore :

— Ah! mon Dieu, m'écriai-je, que t'est-il arrivé?

— Je suis un peu malade, fit une voix dolente; oui... très-malade, je crois.

— Mon pauvre garçon, repris-je étourdiment, mais tu es affreux!

— Affreux! dit-il d'un ton atterré dont rien ne pourrait rendre l'accent de morne désespoir.

— Je te demande pardon; cela m'est échappé. Mais parle donc; qu'as-tu?

— Je ne sais. Ce sont ces taureaux; non, ce cheval... l'émotion, et puis... ces maudits insectes, je crois. Je suis malade.

— Enfin, c'est peu de chose, heureusement. Tu te soigneras à Bordeaux.

— Passe-moi le miroir, fit mon ami. Le miroir! reprit-il impérieusement, voyant que j'hésitais.

Je le lui passai. Il se regarda une seconde.

— Ah! dit le malheureux d'une voix morne en s'affaissant sur son lit de torture.

— Voyons, repris-je, ce ne sera rien. Lève-toi. Nous n'avons pas de temps à perdre.

— Partir! en pareil état! Tu veux donc ma mort? Au moins, laisse-moi ici mourir en paix.

— Es-tu fou? Et ton feuilleton?

— Au diable mon feuilleton! J'en ai assez de leur couleur locale. Impossible de bouger. Pars tout seul. Je m'y attendais : il y a longtemps que je connais les hommes.

Il récrimina ainsi quelques minutes, et je crus m'apercevoir qu'il commençait à divaguer. Effrayé, je descendis comme une trombe et m'engouffrai dans la cuisine, d'où, malgré ses cris de terreur, j'entraînai par un bras la Dulcinée, qui mettait la dernière main à nos chaussures. Je la poussai dans la chambre et, d'un geste navré, je lui montrai la tête de Méduse. L'infâme éclata de rire. Je l'aurais tuée. Je crus comprendre, au milieu d'une avalanche de syllabes sonores, qu'elle m'expliquait comme quoi mon ami avait la peau trop tendre, en ajoutant qu'on s'y faisait parfaitement.

Mais ce n'était pas seulement la peau, c'était le *cœur* trop tendre de mon ami qui avait été attaqué. Les insectes espagnols n'avaient fait qu'achever à la surface et traduire au dehors l'œuvre de bouleversement commencée par les rudes émotions de la course, et continuée peut-être par la cuisine de la *fonda*. Trop de couleur locale, tel était le vrai mot de la situation.

— Pars, répétait l'infortuné. Si je n'en meurs pas, j'en ai au moins pour un mois, je le sens. Je veux que tu partes.

Il insista avec la ténacité des malades. L'heure du train était d'ailleurs passée depuis long-temps.

— Eh bien! écoute, lui dis-je tout à coup, voici une idée qui me vient. Puisque tu veux que je parte, je vais partir. — Attends, repris-je, surprenant sur ses lèvres une faible excla-mation de triomphe désespéré, qui voulait dire : Allons donc! je le savais bien. — Attends : je vais partir pour Madrid. Il y a à peine quatre-vingt-dix lieues d'ici là; c'est l'affaire d'une douzaine d'heures au plus. Je reste un ou deux jours dans la capitale des Espagnes, puis je reviens te prendre à vapeur abattue; tu es guéri, et nous rentrons ensemble à Bordeaux, où je raconterai tes souffrances et ton hé-roïsme, comme un scoliaste qui commente son auteur.

Cette idée une fois entrée dans mon esprit, je n'en voulus plus démordre, et c'était en effet le parti le plus raisonnable. A onze heures du matin je m'acheminais donc sur Madrid, après force poignées de main à mon ami et force recommandations à son hôte.

V

Les premières stations de la route ne présentent rien d'intéressant, pas même celle de Torquemada, dont le nom me fit tressaillir. En entendant ces quatre syllabes, jetées d'un air indifférent par l'employé, je me penchai avidement, croyant voir apparaître à la portière un nouveau drame de M. Victor Hugo. Je n'aperçus, dans le lointain, qu'une petite ville située au milieu d'une plaine, bordée de jardins potagers, de vignes et de quelques bois sans physionomie. Un peu plus loin, nous traversons Venta de Baños, dont la source minérale a eu l'honneur de guérir de la pierre l'illustre Receswinte, monarque des Visigoths.

Après Valladolid, la route, déjà singulièrement pittoresque jusque-là, le devient beaucoup plus encore. Le chemin de fer traverse un splendide décor de mélodrame, qui n'a d'autre tort que d'être infiniment trop prolongé. Le railway circule à travers les montagnes, percées de monstrueux tunnels, côtoie des précipices, et gravit peu à peu les hauts plateaux du Guadarrama. Puis l'aspect change brusquement. A ces défilés de rocs granitiques succèdent de vastes étendues de landes, uniformément semées, à perte de vue, de petits chênes-verts trapus et rabougris, qui s'élèvent à peine de quelques pieds au-dessus de terre.

Je commençais à sommeiller, pour me dérober à la monotone obsession de ce spectacle, quand, en rouvrant les yeux, j'aperçus à droite, sur une éminence qui dominait la route, l'enceinte de fortifications d'Avila. Sous le chaud rayon de soleil qui l'éclairait, je pus clairement distinguer du wagon cet hexagone irrégulier percé de neuf portes, dominé par des forteresses et des tours arabes qui passaient au moyen âge pour le plus étonnant chef-d'œuvre des Vauban de l'époque. On dirait une villa sarrasine mise sous verre et précieusement juchée sur une hauteur pour le plaisir du regard. Mais Avila passe comme une apparition, et nous retombons, pour n'en plus sortir, dans les rocs et dans les yeuses.

Avila est la patrie de sainte Thérèse, cette sœur divine des poëtes terrestres du *Romancero*. Il y a dans le génie espagnol un fond d'ascétisme ardent, une chasteté, un élan vers l'héroïque et vers l'idéal, dont sainte Thérèse semble avoir pris la quintessence et la flamme pour en composer ses écrits. J'ai eu, en quelque sorte, une vision de la sainte elle-même dans celle de son pays natal. Jamais cadre ne fut plus en harmonie avec une figure. Ces régions dépeuplées de la Vieille-Castille, comme l'a remarqué un historien de la littérature espagnole, font rêver du Carmel et du Sinaï. Sans vouloir, à l'instar de M. Taine, faire de ces grands écrivains mystiques dont sainte Thérèse est le type, dont Louis de Léon et Louis de Grenade sont les plus connus après elle, des produits du climat et du sol, combien on les comprend, combien on les sent mieux, combien on comprend mieux aussi toute la littérature de l'Espagne quand on a vu le pays qui leur a donné naissance. Il existe un rapport sensible, frappant, entre cette poésie pompeuse et fière, chevaleresque et grandiose, mais inégale et un peu monotone dans sa tension héroïque, et ces vastes plaines bouleversées, sauvages, sans habitants, éclairées d'un ciel éclatant, brûlées d'un soleil implacable, bordées de longues lignes de rochers rougeâtres, aux flancs nus et calcinés.

Deux heures de chemin encore, et le dôme de l'Escurial se dessine tout à coup sur notre gauche. Au milieu de la lumière violente et crue du soleil couchant, pareille à une flamme de Bengale, qui en dessine tous les détails avec une netteté singulière, on aperçoit la morne immensité de ce Béhémoth des palais, singulièrement configuré en forme de gril et présentant l'aspect d'une caserne ou d'un hospice, avec ses immenses galeries en pierres jaunes, et ses grands murs nus, troués en lignes droites par de petites fenêtres sans ornements. Je descends du wagon et, tout en buvant un verre de limonade au buffet, — le buffet de l'Escurial! — je cherche à me graver ce sévère tableau dans la tête. Aux abords de la station et derrière les barrières, quelques douzaines de Castillans, portant une loque de manteau en bandoulière, fixent sur nous un œil grave et profond, tandis qu'une maigre Castillane au teint bistre, à la robe hardiment effiloquée comme celle des mendiants de Callot, nous tend des pastèques d'un geste silencieux et fier.

Il n'y a que cinquante kilomètres de l'Escurial à Madrid ; c'est l'affaire de moins d'une heure

et demie. Pendant ce trajet, le désert augmente
d'horreur. La plaine de Rome n'est rien auprès
de la plaine de Madrid. Celle-là est une solitude
immense et muette; celle-ci un lieu sauvage,
désolé, sinistre à faire peur.

Quelle fantaisie étonnante d'avoir été mettre
la capitale d'un grand royaume en plein désert!
Il est vrai que les choses ont eu le temps de
changer d'aspect depuis le déluge, s'il faut croire,
avec les Espagnols de la vieille roche, que la
fondation de Madrid remonte à peu près à cette
époque reculée, et qu'elle a précédé de plus de
dix siècles celle de Rome. Mais, sans nous arrêter à cette légende respectable, nous trouverons
une explication plus naturelle du fait dans le
nom du souverain qui éleva Madrid au rang de
capitale. Philippe II, un roi à l'imagination peu
riante, devait naturellement choisir pour la première ville de son royaume, comme il avait déjà
fait pour son château de plaisance, un site con-
forme à son caractère et à ses goûts.

Le train arrivait à Madrid à la nuit tombante.
L'entrée dans la capitale de l'Espagne n'est pas
dépourvue d'un certain pittoresque. La ville
s'annonce de loin par deux vastes monuments,
qu'on prendrait pour des citadelles, et qui semblent la garder en dominant le chemin de fer :
d'un côté, c'est une caserne rouge, juchée sur

une éminence, et qui revêtait dans l'ombre naissante je ne sais quelle physionomie fantastique ;
de l'autre, la masse immense du Palais Royal,
un édifice imposant de loin, plus lourd toutefois
que majestueux, et qu'il ne faut pas examiner
de trop près.

A la gare nous attendaient une foule de véhicules indescriptibles, des formes les plus
variées : — fiacres, omnibus, tapissières, berlin-
gots, chars à bancs de physionomie antédi-
luvienne, près desquels les voitures sans nom
exhibées à Paris pendant la grève des cochers
et l'Exposition universelle pourraient passer
pour des types d'élégance et de confortable.
Tout cela était attelé de grandes mules fringantes et nerveuses, à pompons rouges, regim-
bant et piaffant comme des enragées, avec un
tintamarre de grelots à briser le nerf du tympan.
Je montai dans un omnibus dépenaillé qui eût
fait la joie du roi Dagobert, et, au milieu d'un
tapage infernal où les grelots servaient d'accompagnement joyeux aux jurements du conducteur, aux claquements du fouet et au reten-
tissement des roues qui rebondissaient sur le
pavé avec un bruit de ferrailles, je m'acheminai
à travers la ville jusqu'au Grand Hôtel de Paris
(*Gran Fonda de Paris*).

La *Fonda de Paris* est située au centre de

Madrid, à la Puerta del Sol, dans le quartier le plus élégant et le plus animé. Ouverte le 15 août 1864, elle était envahie le lendemain par une centaine de journalistes français, invités à l'inauguration du chemin de fer du Nord, qu'elle traita avec une tendresse qu'ils lui ont rendue en réclames. Quinze jours après, la *fonda* était célèbre à Paris, et depuis lors elle est devenue le rendez-vous de prédilection de nos compatriotes.

L'hôtel est vaste, et il a belle mine. Pour trouver une chambre à un seul lit, il fallut grimper au quatrième ; mais je fus bien dédommagé de cette ascension par la large terrasse qui passait devant ma fenêtre, et du haut de laquelle on voit la ville entière se déployer sous ses pieds. Je descendis en hâte à la salle à manger, avalai une couple d'œufs et une côtelette, les deux mets les plus présentables de la cuisine espagnole (précisément parce qu'ils n'exigent pas de cuisine), les arrosai de quelques verres d'un vin jaune qui n'eût pas été mauvais, à ce qu'il me sembla, sans l'abominable senteur de peau de bouc dont il était imprégné, et je me précipitai vers la rue :

— Prenez votre manteau, monsieur, me cria le concierge de l'hôtel, — un ancien journaliste portugais qui a changé de commerce.

Je le regardai stupéfait.

— Ah! monsieur, reprit-il, on voit bien que vous êtes tout neuf en Espagne, sans quoi ma recommandation ne vous étonnerait pas. La bise du Guadarrama vous rendrait pulmonique, et vous expédierait en deux ou trois jours dans l'autre monde. Croyez-moi, monsieur, enveloppez-vous bien dans votre manteau, et ne négligez même pas de vous couvrir la bouche.

La précaution n'était pas superflue, en effet, comme je m'en aperçus aisément au bout de quelques minutes. Le climat de Madrid est terrible pour les poitrines délicates. D'une saison, d'un jour, d'une heure à l'autre, on y éprouve des alternatives incroyables. L'hiver y est rude, l'été cuisant, mais, au milieu des plus intolérables chaleurs, cet air pénétrant, qu'on ne sent pas toujours souffler, trouve moyen de s'insinuer jusqu'à vos poumons. Il m'est arrivé bien des fois, dans mes excursions, d'être en même temps rôti par le soleil et gelé par un petit vent glacial, qui me faisait prendre un bain complet de sueur froide. Ainsi m'a été expliqué ce manteau, ployé en bandoulière sur l'épaule gauche, qui est l'un des éléments, et le plus invariable, du costume national.

Je n'eus pas besoin de demander le chemin du Prado. Le flot des promeneurs, surtout des

promeneuses, remontant la *calle de Alcala* avec
un grand froufrou de conversations, de robes
froissées et d'éventails déployés, m'indiqua aussitôt la direction que je devais prendre. Les promeneurs étaient presque tous en costume parisien, mais toutes les dames, sauf peut-être
quelques exceptions invisibles à l'œil nu, por-
taient la mantille, avec le voile de dentelle
formant capuchon, et encadrant les masses de
cette magnifique chevelure noire qui couronne
la tête des Espagnoles d'un diadème bien autrement riche que les couronnes de clinquant et
de carton de nos modistes françaises.

Je suivis lentement le flot, au milieu des gla-
pissements aigus des crieurs de journaux, des
vendeurs d'allumettes en cire et des *aguadores*
qui constituent à Madrid les trois grandes ca-
tégories d'industriels de la rue.

Après dix minutes de cette marche à petits
pas, j'arrivai au Prado. La fameuse promenade
illustrée par Musset et les romantiques s'étend
à droite et à gauche de la rue d'Alcala. Une
foule énorme, mais tranquille et presque silencieuse, parcourait les larges allées, bordées de
milliers de chaises où s'étalaient les toilettes
les plus séduisantes, entre un double cordon de
marchands d'eau installés avec leurs rangées de
grands verres, leurs *cantaros* de terre blanche

leurs comptoirs enluminés et décorés de boules
de cuivre. La première impression fut toute en
faveur du Prado; mais, hélas! il gagne beaucoup à être regardé le soir, « sous l'obscure
clarté qui tombe des étoiles » et des becs de
gaz, lorsque l'affluence de la société élégante, le
roulement des voitures, les annonces des industriels ambulants jettent sur la nudité de cette
maigre promenade un vernis de mouvement et
de vie. Je l'ai revu le lendemain et les jours
suivants en plein midi : qu'il était déchu! Des
fantômes d'arbres, brûlés du soleil, jaunes et
hâlés, versent à grand'peine un mince filet
d'ombre sur un sol nivelé et battu. Pour peu
qu'on les regarde de près, les huit fontaines monumentales élevées par les soins de Charles III
ne perdent guère moins de leur première apparence que la promenade elle-même.

C'est le charme des soirées de Madrid dans
la belle saison qui fait l'attrait principal du
Prado. J'y restai jusqu'à près de onze heures
du soir, allant dans toute l'étendue de la vaste
promenade, revenant de préférence au *Grand
Salon*, surtout à cette partie, un peu plus om-
breuse, à laquelle on a donné le nom de *Paris*,
et qui est le rendez-vous de la belle compagnie;
regardant passer pêle-mêle tous les rangs de la
population confondus : la femme du monde

avec son éventail de soie et sa mantille de dentelle, le dandy habillé par un tailleur parisien,
le bourgeois en paletot brun, le *mozo* avec sa
corde enroulée autour de l'épaule, l'*arriero* en
chapeau andalous et en veste d'astracan, la fau-
bourienne au foulard sale noué sous le menton,
la *gitana* à la jupe voyante, et çà et là quelques
débris d'un type aujourd'hui presque complète-
ment disparu, de la *manola* au pied leste, à
l'œil pétillant, chaussée de bas rouges, et la
longue tresse de ses cheveux traversée par un
énorme peigne d'écaille.

Dans les allées latérales, les petites filles dan-
saient en rond, jetant à l'écho des chansons
auxquelles la fière sonorité de la langue espagnole prêtait un charme étrange, et tout près
de là, un cirque remplissait les airs du fracas
de son puissant orchestre, tandis que dans les
rues environnantes retentissaient les grelots
des mules lancées à toute volée.

En revenant à l'hôtel, j'entrai au café Suisse,
l'un des principaux de Madrid, pour y savourer
un verre de limonade à la glace. C'est une bois-
son délicieuse, une sorte de gelée, mi-solide, mi-
liquide, et d'une saveur exquise, qui est propre
à l'Espagne. On l'aspire à l'aide de longs cha-
lumeaux en pâte légère (*barquillos*), qui s'im-
bibent de la généreuse liqueur en lui livrant

passage, et qu'on dévore ensuite quand ils en sont bien imprégnés. Le café était rempli de consommateurs muets, et le silence n'était troublé de temps à autre que par le bruit de deux mains frappées l'une contre l'autre pour appeler le garçon : telle est la mode des cafés de Madrid, mode en harmonie avec toutes les habitudes d'un peuple taciturne, pour qui semble avoir été fait le proverbe oriental : « La parole est d'argent, mais le silence est d'or. »

Je dormis parfaitement, grâce à la précaution hygiénique prise par le propriétaire du Grand Hôtel de Paris, qui n'admet que des lits de fer dans ses chambres. Le lendemain, j'étais sur pied dès l'aube, et me remettais intrépidement en marche par les rues de la ville.

Madrid a peu de physionomie. Figurez-vous quelque chose comme le faubourg Montmartre ou la rue des Jeûneurs, avec des enseignes espagnoles aux magasins. L'article de Paris trône à toutes les devantures. Les éventails mêmes, — l'objet local par excellence, — y viennent en droite ligne de la rue Saint-Martin. Il m'a semblé que le commerce y était presque nul, et que les marchands se résignaient parfaitement à ce *marasme* des affaires. Vous les voyez fumant leur cigarette avec nonchalance dans leurs

boutiques vides, ou bayant aux corneilles sur
le seuil. Çà et là, je rencontre d'immenses pancartes blanches annonçant une *gran liquida-
cion*, toujours à l'instar de Paris. Le directeur
de la Halle aux habits reconnaîtrait lui-même,
à ce trait d'imitation intelligente, qu'il n'y a
plus de Pyrénées. Mais les *grandes liquida-
tions* semblent laisser le chaland parfaitement
insensible.

La foule qui circule dans la rue n'a pas cet
air affairé du piéton parisien, qui semble toujours courir, comme s'il était poursuivi par
un sergent de ville, ou par un voleur; elle va
doucement et lentement : on dirait qu'elle n'a
rien autre chose à faire qu'à se promener. Les
Espagnols sont un peuple sage, qui ne se crée pas
de soucis inutiles et sait jouir tranquillement
de la vie. La beauté du climat leur permet de
réduire le confortable à sa plus plus simple expression; leur sobriété extraordinaire les rend
insensibles aux jouissances habituelles de la richesse : ayant peu de besoins, il leur suffit de
peu d'efforts pour les contenter.

Je prends au hasard quelques rues à droite
et à gauche. La *carrera de San Geronimo*, qui
aboutit à la *Puerta del Sol*, et qui compte parmi
les plus belles de Madrid, me conduit devant
la maigre colonnade servant de vestibule au

palais des Cortès, que garde, au milieu d'un
maigre square, une statue de Cervantes, dont
l'artiste n'a pas osé faire un manchot. En
revenant en arrière, je tombe sur une grande
place entourée d'arcades, qui me paraît avoir
un peu plus de caractère : c'est la *Plaza Mayor*,
qui joue dans l'histoire du vieux Madrid le
même rôle que la place de Grève dans l'histoire
du vieux Paris. Là avaient lieu les auto-da-fé
et les exécutions de tout genre, les fêtes publiques, les carrousels, les *corridas*; là aussi on
jouait les pièces religieuses et nationales de
Lope et de Calderon. La statue équestre de
Philippe III décore le milieu de cette place,
moins remarquable par son architecture que
par ses souvenirs, et l'on voit sur une des faces
le vaste édifice de la *Panaderia*, avec son por-
tique de granit, ses trois étages surchargés
d'ornements bizarres, ses deux tours pyramidales; enfin le balcon historique du haut duquel se promulguent les lois, et qui sert de
tribune à la famille royale, quand l'Espagne
n'est pas en révolution, pour les fêtes publiques
données sur la Plaza Mayor.

J'entre, en passant, dans toutes les églises
que je rencontre. Pas une ne mérite les honneurs d'une description. Elles semblent jetées
dans le même moule, et reproduisent à satiété

ces ornements de mauvais goût, ces lourdes arabesques, ces immenses retables dorés, que nous avons déjà remarqués ailleurs. J'ai rarement vu une capitale aussi pauvre en monuments que Madrid. On en est réduit à signaler les portes, particulièrement celles d'Alcala et de Tolède, qui sont des espèces d'arcs de triomphe flanqués de colonnes et décorés de sculptures. Les véritables monuments de la ville, ce sont ses fontaines. Depuis que je ne sais plus quel canal lui amène à flots l'eau que le Manzanarès, ce fantôme de fleuve, est impuissant à lui fournir, — et une eau exquise, savoureuse, qui se boit comme un nectar, — Madrid, dans l'exaltation de sa joie, a élevé des fontaines sur toutes ses places et dans toutes ses rues.

Malgré la chaleur torride, j'essayai de prolonger ma promenade jusque dans l'après-midi. L'air était en feu, et le pavé brûlant renvoyait les rayons du soleil comme une plaque rougie au four. Les rues étaient désertes, et du côté de l'ombre les gens du peuple faisaient la sieste, tranquillement étendus au travers des trottoirs. La police a le bon esprit de ne point tracasser ces dormeurs de la rue, qui se multiplient surtout aux approches de la nuit, et les passants prennent toutes les précautions possibles pour ne point les écraser. Je ne tardai pas à m'apercevoir qu'il n'y a rien autre chose à faire à Madrid, pendant l'été, à deux heures de l'après-midi. Je ruisselais, comme si l'on m'eût trempé dans une fontaine ; mes tempes battaient, et il me semblait à chaque instant que mon paletot allait prendre feu. J'allai me jeter sur mon lit, où un sommeil de plomb, troublé de rêves fiévreux, me tint écrasé jusqu'au soir. Quand je me levai, je chancelais comme un homme ivre, et il me fallut plonger à plusieurs reprises ma figure dans une cuvette d'eau fraîche pour achever de rétablir mon équilibre matériel et moral.

En dehors de la promenade et des cafés, les soirées, à Madrid, n'offrent pas de grandes ressources aux voyageurs. Les théâtres y sont assez rares, et ils n'étaient pas tous ouverts au moment de mon séjour. Le Théâtre-Royal prenait ses vacances. La *Plaza de Toros*, veuve de ses exercices ordinaires, n'exhibait que les danses de corde d'une dame qui se qualifiait elle-même sur l'affiche « rivale de l'illustre Blondin ». Je rêvais de me glisser à la *Zarzuela*, qui est l'Opéra-Comique de Madrid, et de me mettre à la recherche du *fandango* et du *bolero* indigènes ; mais le concierge m'apprit obligeamment que c'étaient là des marchandises d'exportation,

comme le cuir de Cordoue, les lames de Tolède,
et que les danseurs espagnols ne se trouvaient
plus qu'à Paris.

Restaient le Cirque, pour lequel je ne me sentais pas d'attraits ; le Jardin de Price, qui est le
Château-Rouge de l'endroit ; les Champs-
Élysées, où l'on donnait justement ce soir une
magnifique *funcion*, avec grand concert, tours
de physique, illuminations, ballons, etc. ; enfin
le théâtre Rossini, qui est le théâtre Italien de
Madrid, et qui se trouve lui-même enclavé dans
l'établissement des Champs-Élysées.

C'est à partir du soir que le mouvement des
voitures, suspendu pendant presque tout le
jour, sauf aux alentours des gares, reprend à
Madrid. La ville a des voitures de place à un
franc, mais pas d'autres omnibus que ceux des
chemins de fer. Seulement, dès qu'arrive la nuit,
des véhicules extraordinaires, du temps du roi
Boabdil, viennent attendre aux portes des hôtels
les voyageurs qui veulent se rendre au spectacle ou aux jardins publics. Nous nous empi-
lâmes une douzaine dans une espèce de tapis-
sière mal capitonnée et encore plus mal suspen-
due, et nous partîmes au galop, avec un grand
bruit de ferrailles et de vitres en danse, vers
les *Campos Elyseos*, situés tout au bout de la
ville, par delà le Prado et la porte d'Alcala.

On paye d'abord l'entrée des Champs-Élysées.
Une fois dans le jardin, on y trouve des industriels qui tiennent une véritable Bourse de
billets. Le prix subit des variations considérables, suivant les demandes et la composition
de l'affiche. Il faut marchander et se débattre
comme une ménagère à la halle, sous peine d'être
indignement volé. La salle est charmante, —
simple et gaie comme pourrait l'être le théâtre
d'une maison de campagne. Les spectateurs y
sont assis au frais sur des chaises de jonc tressé ;
on entre et on sort suivant son bon plaisir. Les
Champs-Élysées tiennent lieu de foyer, et, pendant les entr'actes, vous pouvez vous promener
dans un beau jardin ou, assis devant un verre
de limonade, contempler la foule qui passe,
écouter le tintamarre du concert, regarder partir
les fusées et les chandelles romaines.

C'est d'ailleurs de ce côté de la ville, c'est-
à-dire aux alentours du Prado, que sont accu-
mulés la plupart des divertissements, des curiosités, des spectacles et des promenades de
Madrid. Il m'a fallu trois ou quatre jours de
suite pour les voir en détail ; mais on me permettra, pour la commodité et la rapidité de la
description, de les réunir en bloc.

Le musée, à lui seul, demanderait au moins
une semaine de visites assidues. Je fais assez

bon marché du monument, malgré ses arcades, ses statues, ses bas-reliefs, et sa longue colonnade d'une certaine mine, précédée de jardinets qui ne sont point déplaisants. Mais, à l'intérieur, que de chefs-d'œuvre, que de perles rares ! Il y en a là de toutes les écoles : de l'école hollandaise, des Wouwermans, des Brauwer et des Van Ostade, un Rembrandt de qualité moyenne, et un *Triomphe de la Mort*, de Jérôme Bosch, d'un effet saisissant ; de l'école flamande, huit Jordaëns hors ligne, les uns pleins de verve et de vigueur burlesques, les autres d'un caractère et d'une fierté de touche admirables ; cinquante tableaux de Breughel de Velours, qui sont la *fleur des pois* de ce charmant artiste ; soixante-deux de Rubens, c'est-à-dire le double du Louvre ; des portraits et des peintures d'histoire où Van Dyck apparaît aussi beau qu'en Flandre, et des Teniers en si grand nombre, qu'on finit vraiment par s'en lasser. Les écoles allemande et française ne sont pas représentées très-richement ; mais l'école italienne, dans toutes ses variétés, y montre une des plus admirables collections de chefs-d'œuvre des musées de l'Europe : les Guide, les Guerchin, les Albane, les André del Sarte, les Sébastien del Piombo et, au-dessus d'eux, Corrége et Léonard de Vinci ; au-dessus de tous, Raphaël, ont

là beaucoup de leurs plus belles toiles. L'école
vénitienne tient le premier rang dans ces trésors
de l'art italien, avec les vingt-cinq tableaux de
Véronèse, les trente-quatre du Tintoret, et surtout les quarante-trois du Titien, la plupart de
premier ordre, et dont l'éclatant coloris défie
toute description.

Quant à l'école espagnole, je renonce à la
passer en revue. Il suffira de dire que ceux qui
croient le mieux connaître Murillo ont encore
beaucoup à apprendre sur son compte, s'ils ne
l'ont pas vu à Madrid, et que là seulement il est
possible d'apprécier Velasquez à sa juste valeur. Velasquez a été, pour moi comme pour
bien d'autres, la grande révélation du musée
madrilène. Jamais aucun tableau au monde,
fût-il de Rembrandt, ne m'a produit une impression plus saisissante que ses *Buveurs* et ses *Fi-
landières* : c'est du réalisme, mais relevé dans la
première composition par une exécution spiri-
tuelle et puissante, par une vie intense et je ne
sais quel accent de personnalité robuste ; dans
la seconde, par des prodiges de lumière et de
perspective qui donnent à cette chambre
obscure, où des femmes du peuple s'occupent
aux travaux de leur métier, l'éblouissement
d'une vision des *Mille et une Nuits*.

Après Velasquez, nul artiste ne m'a plus intéressé, au musée de Madrid, que Goya, le dernier représentant de la peinture espagnole. Il n'est guère connu chez nous que par les fantastisques eaux-fortes où il a épanché la verve désordonnée de ses *Caprices*. Goya a peu laissé de tableaux achevés ; mais ses furibondes ébauches témoignent du plus vigoureux tempérament, et, bien que le dessin en soit souvent incorrect, la couleur terne et noire, on n'y reconnaît pas moins la griffe du lion. Je ne sais rien de plus charmant que son portrait de Marie-Louise, femme de Charles IV, à cheval, en uniforme de colonel des gardes ; rien de plus fougueux que la *Révolte de Madrid*, rien de plus poignant que son *Deux Mai*.

Le 2 mai 1808 est une date fameuse en Espagne. Je n'ai pas à raconter ici cette révolte de Madrid, où le patriotisme espagnol s'emporta à d'abominables excès. Un des épisodes restés les plus vivants dans la mémoire du peuple, c'est celui de ces trois officiers d'artillerie qui, dans une lutte intrépide contre une colonne française, furent enveloppés par le nombre et massacrés jusqu'au dernier, avec les quelques hommes déterminés qui combattaient à côté d'eux. A la porte du musée, dans un enclos funèbre planté de cyprès, s'élève un obélisque à la gloire de ces héros morts pour la

patrie. Le tableau de Goya est un monument
d'une éloquence bien autrement saisissante.
L'artiste a choisi le moment où cette poignée
de braves, cernés de toutes parts et acculés,
sont mis en joue par les soldats français. En
face des fusils se dresse, comme un spectre, un
Espagnol en manches de chemise, la poitrine
nue, les bras levés au ciel, et se jetant au-devant de la mort dans une exaltation farouche.
Ses compagnons se serrent autour de lui en un
groupe compact, varié par toutes les expressions
de la fureur et du désespoir. Ce sont des gens du
peuple, avec d'énormes mains calleuses et des
têtes de bouledogues; mais il semble qu'à chacun
d'eux le pinceau de Goya ait allumé une auréole
au front. En regardant cet admirable et effrayant
tableau, peint en dehors de toutes les traditions
d'école, brossé furieusement avec un balai, et
qui ne ressemble à rien de connu, je sentais le
frisson dont parle Job me passer à travers le
corps, et « le poil de ma chair se hérisser d'horreur. »

Pour achever de connaître Goya, il faut aller
voir les spirituelles et vives esquisses que possède de lui l'Académie de San Fernando, qui
est l'école des beaux-arts de Madrid. Là aussi,
d'ailleurs, au milieu d'une multitude de mé-
diocrités, on trouvera des Rubens, des Quentin

Matzis, des Ribera, d'admirables moines de Zurbaran, et de Murillo trois ou quatre chefs-d'œuvre qui dépassent peut-être ceux même du musée — entre autres une *Sainte Élisabeth soignant les teigneux*, où le grotesque se marie au style le plus noble dans un ensemble d'une hardiesse et d'une vérité singulières, et où la pureté du dessin, la justesse des expressions, la profondeur du sentiment l'emportent encore sur la magie de la couleur.

Malheureusement la sculpture espagnole est loin d'atteindre à la même hauteur. Dans les promenades et sur les places publiques, au Prado, au Buen-Retiro, à la Plaza d'Oriente, espèce de grand square circulaire qui précède le Palais Royal, vous tomberez au milieu d'une population grimaçante de statues qui n'ont absolument rien d'artistique, presque rien d'humain. Ce n'est pas là qu'il faut étudier la sculpture espagnole : c'est dans les admirables boiseries des cathédrales, où Berruguète, un artiste universel, a déployé toutes les fantaisies de son génie abondant et bizarre. C'est au musée de Valladolid, où l'on a recueilli et groupé quelques-unes des meilleures productions de Juan de Juni, surtout de Hernandez, le plus excentrique et le plus curieux de tous ces curieux et excentriques artistes.

Le Buen-Retiro, que je viens de nommer, et qui touche presque au Prado, est l'une des plus charmantes promenades de Madrid, et on ne l'accusera pas d'avoir usurpé son nom, comme tant d'autres qui, malgré les promesses de leur étiquette (*Delicias*, *Virgen del Puerto*, *Florida*), sont du plus maigre et quelquefois du plus triste aspect. On y monte, du côté de la porte d'Alcala, par un long sentier, et on y pénètre par la cour d'une espèce de caserne sale et délabrée, vestibule très-indigne de ce magnifique jardin. Une ample avenue, encadrée de haies épaisses et plantée de beaux tilleuls, conduit à un vaste étang, derrière lequel s'étend l'ex-parc réservé de la reine, avec ses perspectives variées et la profusion d'ornements, de lacs, de chaumières, de fontaines, de montagnes artificielles dont il est rempli.

Il ne manque guère au Buen-Retiro que deux choses : de la mousse et de l'herbe. Il paraît que le sol de la Péninsule est avare de ces produits naturels.

Je crois qu'on me dispensera aisément de décrire le musée d'artillerie et le cabinet topographique du Buen-Retiro. Malgré la recommandation des *Guides*, j'ai peu vu le premier et je n'ai pas vu du tout le second. Le pavillon rustique construit en rondins, et le chalet avec son étable garnie de chèvres empaillées, de troupeaux en pierre, d'automates qu'on met en jeu non sans un prodigieux tapage de roues, de poulies et de ressorts, sont des monuments du plus burlesque mauvais goût, qui seraient tout au plus à leur place dans un jardin mécanique hollandais.

En revenant, je suis entré au jardin botanique et zoologique. Ah! le triste jardin! comme il fait peu d'honneur à son directeur et à ses surveillants! Sauf quelques endroits assez beaux et presque soignés, c'est l'image même de la négligence et de l'abandon.

Cependant, de temps à autre, une inquiétude vague me traversait l'esprit. J'étais déjà depuis plusieurs jours à Madrid; j'avais parcouru la ville en tous sens, et je n'avais point encore aperçu le Manzanarès. Les mauvaises plaisanteries qui ont couru de tout temps sur ce malheureux fleuve me revenaient à la mémoire. Je me souvenais du mot de Cervantes, qui l'appelait « un ruisseau ambitieux aspirant au rôle de rivière »; de Tirso de Molina, prétendant qu'il n'avait de cours qu'en hiver, à l'exemple de la faculté de Salamanque; d'Alexandre Dumas fils, qui, après avoir bu la moitié d'un verre d'eau au théâtre de Madrid, tendit le reste à son compagnon en lui disant :

« Portez-le au Manzanarès ; ça lui fera plaisir » ;
de cet ambassadeur qui préférait le Manzanarès
à tous les autres fleuves, parce qu'il était navi-
gable en voiture et à cheval. J'avais lu dans
la légende de Don Juan que ce roi des séduc-
teurs avait un soir allumé son cigare à celui
du diable qui se promenait sur l'autre rive, et
dans le *Guide-Joanne*, ce viatique des voyageurs, qu'on accusait la municipalité de Madrid
d'avoir vendu la rivière pour payer les ponts.
Fallait-il croire que, jaloux de justifier sa
réputation, le Manzanarès avait fini par dis-
paraître complétement, pompé jusqu'à la
dernière goutte par le soleil brûlant qui me
dévorait? Le portier de l'hôtel, interrogé, me
rassura ; il m'apprit que le Manzanarès coulait
tout à fait à l'autre extrémité de la ville, par
delà les dernières portes, dans les parages lointains des embarcadères. Mais je ne pouvais
quitter Madrid sans l'avoir vu. Je pris bravement une voiture, et je donnai l'adresse au
cocher, qui la reçut avec une gravité parfaite.

Vingt minutes après, la voiture s'arrêtait sur
le pont de Ségovie, — un pont de neuf arches,
s'il vous plaît ! Soit flatterie, soit condescen-
dance, les édiles de Madrid ont fait galamment
les choses. La lorgnette en main, je regardai
longuement. Au premier abord, je ne distin-

guai qu'un lit très-large et très-ensablé; mais d'eau, pas un atome. Néanmoins, à force de persévérance, et en suivant les indications du cocher, qui, du manche de son fouet, dirigeait mes recherches, je finis par découvrir très-nettement une flaque d'eau, puis un mince filet coulant entre deux pierres. Au signe d'interrogation que je lui fis : *Si, señor*, répondit le cocher, majestueux comme un grand d'Espagne.

C'était bien, en effet, le Manzanarès. Je descendis sur la rive et la longeai patiemment, en lorgnant toujours. Au bout de cinq cents pas, j'arrivai à une cabane, grande à peu près comme la chambre à coucher d'un appartement parisien. Sans songer, je poussai la porte. Un Ibérien en manches de chemise, qui fumait sa cigarette à l'intérieur, m'accueillit d'un air encourageant. J'étais dans un des établissements de bains froids du Manzanarès!

Figurez-vous une petite salle à peine éclairée, mystérieuse et calme comme un réduit, avec un carré d'eau limpide, des nattes sur le plancher et deux ou trois cabinets dans un coin. Cette pénurie de cabinets ne s'explique pas seulement par la pénurie du Mazanarès et par celle des clients, qui en est la suite, mais par l'usage tout patriarcal de se baigner sans costume.

Le propriétaire de l'établissement vit que j'hé-

sitais, et il devina assurément la cause de mon
indécision, car, se levant sans mot dire, il re-
troussa la manche de sa chemise du poignet à
l'épaule, et plongea son bras tout entier, — tout
entier! — dans la rivière, en me jetant un coup
d'œil de triomphe. Après cette épreuve con-
cluante, je ne pouvais plus reculer. Je me passai
donc l'orgie d'un bain dans le Manzanarès, avec
de l'eau jusqu'aux genoux. En m'accroupissant,
j'en avais jusqu'à la ceinture. J'ai acquis le droit
de dire que le Manzanarès a été calomnié.
Puisse l'histoire enregistrer cette réhabilitation!

Ce fut pendant que je me livrais aux charmes
d'une ablution si inespérée que la pensée de
mon ami, éloignée jusque-là par la curiosité
et l'agitation des premiers jours, vint me traverser le cœur comme un remords. Que deve-
nait-il, tandis que je m'abandonnais ainsi aux
délices de Capoue? Peut-être m'attendait-il
tout botté et prêt à partir, maudissant mon retard, et tremblant pour sa place et pour son
feuilleton. Peut-être, car l'imagination va vite
et loin, se mourait-il dans la solitude glaciale
de sa chambre d'auberge! Et moi, ingrat ami,
je prenais un bain dans le Manzanarès! Le
rouge de la confusion me monta tellement au
visage, à la pensée de cette trahison des devoirs
les plus saints, que le propriétaire de l'établis-

sement eut un moment la pensée inouïe que j'allais me noyer. Je pris à peine le temps de me rhabiller, je courus à l'hôtel comme une flèche, et là, avec la collaboration du fidèle portier, qui continuait à me témoigner les sentiments les plus confraternels, je rédigeai la dépêche télégraphique suivante :

Propriétaire de Fonda Raffaëlla, Burgos. — Qu'est devenu voyageur français, malade, du numéro 8 ? Lui m'attendre. J'arrive. Réponse bureau restant, Escurial. »

La dépêche partie, je bouclai ma valise, et j'allai faire un dernier tour sur la Puerta del Sol et par les rues circonvoisines. A force de recherches chez les marchands d'éventails, qui fourmillent dans la *calle de la Montera*, je finis par en découvrir un (je parle de l'éventail et non du marchand) sur lequel était représentée une superbe *corrida*. J'y joignis une paire de jarretières rouges dont chacune portait un vers de Quevedo. J'ai appris depuis que ces deux objets sortaient des fabriques de Bayonne.

Mais à la devanture d'une librairie voisine de l'hôtel, j'aperçus le *Tour du Monde*. J'entrai et me mis à parcourir les volumes, d'abord du bout de l'ongle et du coin de l'œil, puis avec une curiosité qui alla bientôt jusqu'à la passion. J'étais tombé sur la série du *Voyage en Espagne*,

illustré par Gustave Doré. Le libraire était un
compatriote : gagné d'ailleurs par l'achat d'un
livre de trois francs, il me laissa faire, et je pus
emplir et rassasier à l'aise mes deux yeux de
cette merveilleuse illustration et y achever mon
voyage sans dépasser Madrid. Grâce à ce crayon
étincelant qui a saisi l'Espagne sur le vif en
toute sa vérité pittoresque, dans ses splendeurs
et dans ses misères, avec une verve, un *brio*, un
diable au corps vraiment prodigieux, j'ai pénétré en une heure plus avant dans la connaissance
du pays que je ne l'avais fait jusqu'alors en
une dizaine de jours. Avec lui j'ai vu Tolède,
les brunes señoras de Grenade ou de Cadix à
leurs balcons, l'Alhambra, le Généralife, la
mosquée de Cordoue, la cathédrale et l'Alcazar
de Séville.

L'Espagne était vraiment la terre promise du
crayon de Doré. Que de sites farouches dans ses
sierras; que de paysages superbes, empreints
d'une grandeur sauvage et marqués d'un cachet
presque fantastique; que de types originaux,
de faces bronzées et basanées, truculentes et
rébarbatives; que de costumes séduisants, de
pompons, de broderies, de rubans, de panaches,
de grelots, de haillons et de paillons elle four-
nissait à ce crayon magique ! Aussi s'en est-il
donné à cœur joie. Jamais dessinateur ne fut à

pareille fête et ne le montra mieux. C'est une
véritable orgie pittoresque; c'est une *ripaille*
de types plus colorés les uns que les autres. On
est étourdi par le claquement des castagnettes,
par le mouvement vertigineux du bolero, du
fandango, des séguidillas et de la jota. Mulets
et muletiers, zagals et mayorals, diligences de
l'époque du roi Vamba, juges et plaideurs du
temps d'Al-Hakem, toutes les physionomies
des diverses provinces, depuis le pays basque
jusqu'à l'Andalousie, serenos, colporteurs,
aguadores, portefaix, toreros, guitarreros, con-
trebandiers, manolas, paysans, mendiants,
musiciens nomades, gitanos et que sais-je encore ? défilent avec une abondance et une variété prodigieuses dans cette inépuisable galerie. L'illustration de M. Doré présente je ne
sais quoi de ronflant, d'emphatique et de *capi-
tanesque*, comme l'Espagne elle-même ; elle
a le jarret tendu, la taille cambrée et le poing
sur la hanche, à la façon des danseuses anda-
louses que son alerte crayon a si vivement
croquées.

A côté de cette partie picaresque, il n'a eu
garde d'oublier les côtés plus nobles et plus
élevés. Il est visible, néanmoins, qu'il a une
prédilection toute spéciale pour les physionomies et les scènes populaires. C'est surtout la

rue, le cabaret, la posada, le cirque, la grande
route qui l'ont séduit. Quelques-uns trouveront
qu'il a pris l'Espagne trop en dehors, lui repro-
cheront un excès de fouillis, un penchant prononcé à la *charge*, trop de mendiants, de bohé-
miens, de *trognes* et de guenilles. Mais nul ne
pourra contester la couleur, la vie et le mouvement si abondamment prodigués dans ces
pages. Il m'a donné à la fois l'ardent regret et
la consolation de ne pouvoir aller plus loin.

A trois heures de l'après-midi, je quittais
Madrid, et avant quatre heures et demie le train
me déposait à la station de l'Escurial.

VI

Le buffet de l'Escurial est tenu par un Suisse
qui parle français, sinon comme un Parisien,
du moins beaucoup mieux qu'un Savoyard. Je
lui confiai mon sac de nuit, avec une promesse
de revenir dîner dans son établissement, et je
m'acheminai vers le palais.

La petite ville de l'Escurial se divise en deux
parties, ou plutôt il y a deux Escurial : l'un,
situé à gauche de la voie ferrée, en venant de
Madrid, dans un fond marécageux et insalubre;
l'autre à droite, sur la hauteur. C'est dans ce
dernier que se trouve le palais. Pour y arriver,
il faut monter pendant près d'une demi-heure,
à travers des bois maigres, sur un sol aride, où
l'on croit rudement sentir à chaque pas ces
scories de fer qui ont donné leur nom au village.

J'ai déjà dit l'aspect de l'Escurial, tel qu'il m'était apparu pour la première fois quand je me rendais à Madrid. Je ne recommencerai pas. Il gagne plus, d'ailleurs, à être embrassé de loin, dans sa masse et dans son ensemble, qu'examiné en détail et morceau par morceau. Il en est de la description de l'Escurial comme de celle des combats de taureaux : c'est l'A B C de tout voyage en Espagne; c'est un lieu commun dont il est devenu à peu près impossible de renouveler l'intérêt. J'ai pris des notes en conscience et pendant une grande heure. Mais en y jetant aujourd'hui un coup d'œil, je les trouve parfaitement inutiles, et je les sacrifie sans regret. Ceux qui désirent connaître à fond cette création de Philippe II ont tant de moyens de se satisfaire, qu'ils ne pourront m'en vouloir, et je suis bien assuré qu'ils me pardonneront aisément de ne leur en point donner une description méthodique et détaillée.

Si, au premier abord, abstraction faite du dôme et des tours, l'Escurial, avec ses grands murs nus et ses quatre rangées d'étroites fenêtres alignées, offre au regard l'architecture maussade et monotone d'un quartier de cavalerie, lorsqu'on pénètre dans ses immenses couloirs sonores, entrecoupés par de petites cours, il fait penser aux Invalides. C'est en entrant dans la chapelle ; en montant les vastes escaliers que Luca Giordano a décorés à profusion de fresques éblouissantes, pour s'acheminer vers la tribune, ou plutôt le chœur supérieur, si curieux par les peintures de sa coupole, par son pupitre gigantesque, surmonté d'une chapelle et d'une statue de la Vierge, par ses missels en parchemin massifs, d'un format qui dépasse l'in-folio actuel, avec leurs notes de plusieurs pouces de haut, avec leurs reliures compactes, leurs angles de cuivre et leurs énormes ferrures ; c'est aussi en parcourant les appartements du palais que le voyageur, à l'écrasante magnificence des détails, à la richesse grandiose ou à la gravité religieuse et sévère de l'ornementation, reconnaît enfin l'Escurial.

J'ai vu la chambre tapissée de faïence, et ne prenant jour que sur la chapelle, où Philippe II passa les dernières années de sa vie ; j'ai vu aussi, dans les boiseries du chœur supérieur, la porte par où il entrait aux offices, et le lourd fauteuil de chêne où il s'asseyait. Mais l'ombre du fils de Charles-Quint ne m'est point apparue. Je n'ai senti le besoin de composer aucun monologue en vers alexandrins ; je n'ai senti que le besoin de prendre l'air. Or, justement un des gardiens, en me guidant à travers les couloirs, décorés de vieux tableaux représentant les divers épisodes de la bataille de Saint-Quentin, m'avait ouvert une fenêtre d'où le regard plonge sur un beau jardin, que le contraste de tant de granit fait paraître plus beau encore. En sortant de l'édifice, je m'acheminai vers les parterres qui font le tour de l'Escurial, croyant retrouver cet Eden; mais il s'en fallait de beaucoup, on va le voir : il était sans doute caché au milieu des bâtiments, dans un centre inaccessible aux profanes.

En descendant à droite, on rencontre d'abord un grand bassin carré, qu'entourent des galeries couvertes et découvertes, servant de promenades. De l'une de ces galeries on monte par un large escalier au jardin-terrasse qui longe tout ce côté du palais. Figurez-vous un jardin où il n'entre absolument pas autre chose que du buis. Ce buis, d'ailleurs d'une végétation très-riche et d'un ton magnifique, est arrangé en larges haies, flanquées aux angles de hautes et vigoureuses touffes qui sont taillées en arbustes; il dessine des figures géométriques, des losanges, des carrés, des cercles, des triangles, formant une multitude de petits parterres qui se répètent indéfiniment dans le même ordre et se groupent quatre à quatre autour du même jet d'eau maigre et triste. C'est l'idéal de la monotonie symétrique.

J'ouvre au hasard une petite porte pratiquée dans un mur du fond, et j'aperçois un autre jardin, absolument semblable au premier, qu'il continue par derrière le palais. Une douzaine de moines coiffés de barrettes et graves comme des fantômes sont occupés à tourner en rond en disant leur chapelet : ce sont les hyéronymites attachés au couvent. Pas un ne lève les yeux. Je ferme précipitamment la porte et je m'enfuis.

Que des moines se promènent dans un jardin pareil, je le comprends : il est fait pour eux, de même que pour l'Escurial ; il porte pour ainsi dire la livrée monastique, comme il porte le cachet du palais et celui de son fondateur. Mais, au-tomber du jour, je n'ai pas vu sans étonnement la population féminine et enfantine de la petite ville affluer dans cette promenade. Pendant une minute, oubliant le château et les parterres plantés de buis, je me crus aux Champs-Élysées. Comment peut-on hanter assidûment le jardin de l'Escurial sans périr d'ennui !

La nuit était tout à fait venue, et le vent qui soufflait des hauteurs voisines devenait si vif, que je grelottais sous mon manteau. Je repris le chemin de la station, très-refroidi d'esprit et de corps. Heureusement, la descente me réservait un brin de consolation. Je rencontrai

en route un chariot que traînaient deux bœufs
gigantesques, coiffés de chapeaux de paille et la
tête flanquée d'énormes cocardes ; aux quatre
angles du chariot se tenaient debout quatre
superbes Espagnols, le *sombrero* jeté de la
façon la plus crâne sur le foulard qui recouvrait
leurs cheveux noirs, et les reins ceints de la
large ceinture rouge d'où l'un d'eux venait de
retirer, pour couper son pain, cette terrible
navaja qui sert à beaucoup d'autres usages,
parfois moins innocents. J'avais à peine dépassé ce groupe, dont Velasquez eût fait un
tableau, et j'allais arriver à la gare, quand je
vis venir à moi, majestueux comme un prince,
un gamin de trois pieds de haut, coiffé d'un immense chapeau à larges bords sous lequel il
disparaissait, et couvert d'habits splendide-
ment rapiécés, qui avaient pris au soleil la
couleur de l'amadou. A la douteuse clarté de
la lune, ce moutard avait l'air d'un gnome
échappé d'une eau-forte de Goya. Tandis que
je m'arrêtais pour le contempler à l'aise, il s'arrêta aussi, et se mit à tourner lentement autour
de moi, comme autour d'une bête curieuse. La
gravité solennelle avec laquelle il procédait à
son examen me fit partir d'un éclat de rire qui
le laissa parfaitement impassible. Je lui tendis
un *cuarto*, qu'il prit sans mot dire et sans

bouger d'une semelle, et je continuai ma route, poursuivi par la vision de ce chapeau fantastique, qui m'est apparu bien des fois dans mes rêves.

En arrivant à la gare, mon premier soin fut de passer au bureau des dépêches télégraphiques. L'employé me remit celle que j'attendais. Elle était conçue en ces termes :

« Voyageur français du numéro 8, seulement indigestion. Parti même soir pour France. »

— Ah! le gredin! m'écriai-je. Et moi qui m'inquiétais de lui! Moi qui, pour ne pas l'abandonner, ai renoncé à Tolède et à Cordoue, à Grenade et à Séville! Moi qui ai interrompu un bain dans le Manzanarès pour le revoir plus vite! Ah! le sournois! Malade d'indigestion, — en Espagne!... Amitié, tu n'es qu'un nom!

Je balançai un moment si je ne reviendrais point sur mes pas. L'amour du pays natal et la terreur de la cuisine espagnole l'emportèrent. Non qu'elle m'eût donné jusqu'alors aucune indigestion, bien au contraire, — et je soupçonne même, entre nous, l'hôtelier de la Raffaëlla d'avoir obéi, dans cette assertion hasardeuse, à un mouvement d'innocente fatuité.

En attendant, mon estomac sonnait énergiquement l'heure du festin. J'avais laissé derrière moi le vent glacial du Guadarrama; la

soirée était admirable. Je fis dresser la table sur
le quai, malgré les avertissements sinistres de
la maîtresse du buffet :

— Prenez garde, monsieur, me dit-elle, vous
êtes dans un trou à fièvre. L'Escurial *d'en bas*,
situé à vingt pas d'ici, de l'autre côté de la voie,
est plein de marécages qui nous envoient des
miasmes pestilentiels. Personne n'y échappe.
Voyez dans quel état ils m'ont mise.

La pauvre femme, maigre et jaune, envelop-
pée du haut en bas dans un châle, tremblait la
fièvre à faire peur. Je persistai néanmoins.
L'air était si doux et semblait si pur! Puis la
salle commune débordait de consommateurs
bruyants, d'une propreté douteuse, dont la
société ne m'inspirait qu'un médiocre attrait.

On me servit une collation à la suisse,
presque à la française. Le buffet de l'Escurial
est un des endroits où j'ai le plus suffisamment
diné : je parle de l'Espagne, bien entendu. J'en
étais au dessert, quand j'entendis dans le voisinage le bruit d'une chanson joyeuse qui se
rapprochait par degrés. Je me redressai vivement, n'en pouvant croire mes oreilles. La voix
se rapprochait toujours; elle n'était plus qu'à
dix pas. Au tournant de la gare, elle entonna
le refrain :

Rien n'est sacré pour un sapeur!

Ombre de Philippe II, je ne m'étais pas trompé!

En ce moment, je l'avoue, ce refrain, que je m'abstiens de qualifier, me charma plus que n'eût pu le faire un chant des *Infants de Lara*. Je me levai précipitamment, et courus à un petit homme en paletot-sac qui débouchait sur la voie :

— Un compatriote! m'écriai-je.

— Bah! fit-il sans émotion et en me donnant la main comme s'il m'eût quitté de la veille. Enchanté de la rencontre! Oui, un compatriote : il n'en manque pas ici, et si vous désirez en voir, vous allez être servi à souhait. Tenez, tenez, en voilà des compatriotes!

En effet, une minute après, j'étais entouré d'une douzaine de Parisiens, de Gascons, de Provençaux, qui se dirigeaient en corps vers le buffet. C'était l'heure du dîner. Le service du chemin de fer et les travaux d'une importante raffinerie de sucre, construite récemment dans le voisinage par un entrepreneur de notre pays, ont attiré à l'Escurial un grand nombre de Français. On fit vite connaissance. Le dîner fut expédié en moins d'un quart d'heure, et bientôt un punch colossal flamba sur ma table, en guise de drapeau de ralliement. On but, on trinqua, on causa *parisien;* le loustic de l'assemblée fit des calembours, sans respect pour

la grande ombre voisine et le dernier venu
poussa le cynisme, ou la naïveté, jusqu'à me
demander, à deux pas du palais de l'Escurial,
des nouvelles de mademoiselle Thérésa : il faut
bien pardonner quelque chose à des exilés du
boulevard.

Je venais de me retremper un moment dans
un petit courant français et de reprendre pied,
comme on dit. Je me sentais capable maintenant
d'affronter un jour encore de cuisine espagnole.
C'est pourquoi, au lieu de courir directement à
la frontière, je pris un billet pour Valladolid.

J'arrivai de grand matin dans l'ancienne
capitale de l'Espagne. Comme toutes les villes
du pays et du monde, Valladolid a une *funda de
Paris*; mais j'en étais à ma dernière station,
la rencontre de mes compatriotes avait ravivé
mon courage, et, avant de repasser la frontière, je voulais me saturer une dernière fois de
couleur locale. J'avais vu des *fundas* par douzaines; j'étais entré dans une de ces *posadas*
fréquentées par les muletiers et les *mozos*, et
je m'étais assis sur l'escabeau qui sert de siége
au client de passage, pour boire, sur une petite
table pas plus haute que le genou, l'inévitable
bolaous, c'est-à-dire le grand verre d'eau, sucrée
à l'aide d'un biscuit caraméleux, qui est la bois-
son populaire en Espagne.

— Il ne vous reste plus, m'avait dit un de mes compagnons de l'Escurial, qu'à connaître *la casa de huespedes*, c'est-à-dire quelque chose comme la maison meublée, la pension bourgeoise en Espagne.

Je me fis donc conduire à *la casa de huespedes* dont mon compatriote m'avait donné l'adresse. — On dit aussi *casa de pupillos*. — Une servante expansive et loquace vint à ma rencontre, me prit ma valise des mains et se mit à marcher devant moi, en me prodiguant les interrogations et les explications, sans se préoccuper de mes signes de tête négatifs et de mes *No entiendo* répétés. L'escalier, d'une largeur immense et défoncé à chaque marche, conduisait à un premier étage où, dans un couloir sombre, donnaient cinq ou six vastes portes. La *moza* souleva le loquet d'une de ces portes, dépourvue de toute espèce de serrure, et m'introduisit dans une grande chambre carrelée, que meublaient un lit en fer aux matelas relevés, trois chaises, un canapé en paille et une petite table. Pas l'ombre de cheminée. Je parvins à faire comprendre que je souhaitais de l'eau; on m'apporta une cuvette et une cruche en faïence bleue, historiée de dessins hasardeux, où le général Tom Pouce eût pu prendre un bain complet.

Cet avant-goût me parut des plus satisfaisants, et me mit en excellentes dispositions pour apprécier le charme particulier de la ville de Valladolid.

Je dois toutefois confesser franchement que la première, et même la seconde impression, ne furent pas des plus favorables à l'ancienne capitale. La tristesse et la saleté, tels sont les deux aspects qui m'ont le plus frappé d'abord dans Valladolid. C'était jour de marché, et cette circonstance n'était pas de nature à détruire l'impression fâcheuse du premier coup d'œil. Elle ajoutait beaucoup à la malpropreté de la ville, sans rien ajouter à son pittoresque, — ou du moins ce pittoresque avait une physionomie des moins attrayantes. La place du Marché, la plaza Mayor et les rues avoisinantes étaient remplies jusque sous leurs arcades, — car il y a beaucoup d'arcades et de colonnades à Valladolid, sans que la ville en soit plus majestueuse pour cela, — de monceaux de matières animales et végétales d'où s'exhalait une forte senteur, compliquée par les odeurs mixtes des mulets et des muletiers, des marchandes et des acheteuses.

Valladolid est une ville aussi étendue que Madrid, mais, sauf au centre, déserte, presque vide, coupée de grands espaces vagues et de vastes promenades. Par bonheur, elle a con-

servé des monuments très-curieux, que l'artiste
et l'historien regardent avec un égal intérêt. Au
détour d'une longue rue triste et mal bâtie,
où passent à peine quelques rares piétons, maus-
sades et ennuyés, vous tombez brusquement
vis-à-vis d'une façade qui vous éblouit par l'é-
clatante profusion de ses sculptures, de ses arabesques, de son ornementation. Lorsque les
Espagnols se mettent à décorer quelque chose,
ils y déploient toute l'intempérante vivacité de
leur imagination méridionale, et notre art du
Nord, avec son goût plus sévère et plus pur,
paraît bien froid, bien terne et bien nu à côté du
leur.

Je ne dis point cela pour les édifices modernes, et notamment pour l'ex-palais royal,
agrandi par Philippe III, et qu'on avait restauré
pour le mettre à la disposition de l'infant don
François de Paule. Rien de moins imposant
que la physionomie de ce bâtiment rectangu-
laire, de dimensions très-modestes et d'une simplicité architecturale poussée à ses dernières
limites. Lorsqu'on a dépassé le seuil, son
large escalier, sa belle cour surtout, s'appuyant
sur une colonnade qui forme galerie, et décorée, au point d'appui de chaque colonne, de
bustes en demi-relief encadrés dans des mé-
daillons où Berruguète a mis l'accent et

l'originalité ordinaires de son talent, rachètent
la pauvreté de son extérieur. Mais, en somme,
ce n'est guère là qu'une préfecture de première
classe. Le dédommagement n'est pas loin. Re-
tournez-vous en sortant : vous êtes vis-à-vis le
portail de l'ancien couvent dominicain de San-
Pablo.

Je n'ai pas souvenir d'avoir jamais vu nulle
part une aussi écrasante prodigalité de sculpture accumulée sur un si petit espace. La façade, qui n'est pas très-large, disparaît littéralement tout entière, depuis le pied jusqu'au faîte,
sous une multitude inouïe d'ornements dont
l'ensemble est du mauvais goût le plus étrange
et, il faut bien l'avouer, le plus séduisant. Ce
qu'il y a là d'arceaux, de rosaces, de clochetons,
de colonnettes, de dais et de piédestaux minu-
tieusement ouvragés, d'armoiries sculptées, de
bas-reliefs et de statues, de groupes et de compositions fourmillantes, on ne pourrait le dire
sans une énumération gigantesque à la façon
d'Homère ou de Victor Hugo.

En tournant autour de San-Pablo et des
maisons dont l'église est flanquée, on arrive,
après avoir à peine parcouru trente ou quarante pas, au collége de San-Gregorio, fondé un
peu avant la fin du XVᵉ siècle. Là, autre merveille non moins curieuse que la première. La

façade gothique de San-Gregorio ne le cède nullement à sa voisine pour la profusion et la bizarrerie des ornements. Le symbolisme y fleurit à outrance, et l'imagination fougueuse des artistes s'y est donné pleine carrière. Seulement ce portail est dans un état déplorable : un grand nombre de figures ont été mutilées par le temps ou par les hommes, et le tout semble presque sur le point de tomber en ruine. En franchissant ce portail, on arrive à un petit cloître merveilleux, où est installée je ne sais plus quelle administration publique.

Sur la place de San-Pablo, on montre la maison célèbre par la naissance de Philippe II. La fenêtre de la chambre où il vint au monde existe encore telle qu'elle était à cette époque, avec son balcon intérieur, à l'angle échancré de cette maison. J'ai vu aussi l'ancien tribunal de l'inquisition, un édifice sombre, dont la façade a bien la physionomie de l'emploi, et j'ai recherché sur la plaza Mayor la trace du fameux auto-da-fé de 1559. Les souvenirs de ce genre abondent à Valladolid.

Je ne veux rien dire de la cathédrale, dont il paraît qu'on avait rêvé de faire une rivale à Saint-Pierre de Rome. Ambition malheureuse et stérile! Il est vrai que ce monument n'a point été terminé. Il devait avoir quatre tours, et

il n'en a jamais eu qu'une; encore s'est-elle
écroulée en 1841.

Les églises de Valladolid n'offrent par elles-
mêmes qu'un intérêt médiocre; mais ce qu'il y
faut voir, ce sont les boiseries des chœurs et
les stalles, travaillées par le ciseau d'admirables
artistes; les opulents retables, les statues religieuses, exécutées dans ce style expressif et
passionné dont Valladolid offre les plus curieux
échantillons. L'église de la Cruz, surtout, est
intéressante à ce point de vue. Impossible de
n'y être pas arrêté au passage par deux ou trois
groupes en bois, d'une vie et d'une réalité singulières, qui surmontent quelques autels laté-
reux. Une *Entrée du Christ à Jérusalem*, sur
l'autel de gauche, près de la porte d'entrée,
attira d'abord mon attention, qu'excita bientôt
d'une manière beaucoup plus vive une *Descente
de croix*, composée de sept personnages de
grandeur naturelle. Le groupe est colorié tout
entier comme une toile; la largeur et la fougue
du ciseau s'y allient à la précision la plus mi-
nutieuse. Pour achever l'incroyable illusion
que cette œuvre produit sur les yeux, on a
poussé le scrupule jusqu'à mettre des linges et
des étoffes véritables dans les mains des saintes
femmes; les Juifs de l'*Entrée à Jérusalem* déploient également de vrais tapis sous les pas du

Sauveur. De la réunion de tous ces moyens, devant lesquels un académicien se voilerait les yeux, il résulte un effet saisissant dont rien, dans la sculpture ordinaire, ne peut donner une idée.

Ces groupes sont de Hernandez, un grand sculpteur espagnol, que la plupart de mes lecteurs ne connaissent peut-être même pas de nom. En passant de l'église de la Cruz au musée de Valladolid, on se familiarisera de plus en plus avec cet étrange artiste, qu'il faut voir dans son cadre et dans son pays, et qui révolterait comme un barbare, si on l'abordait avec une imagination entièrement remplie des souvenirs de l'art grec. Il y a là surtout une douzaine de figures, détachées d'une vaste scène de la Passion, qui étonnent le regard par la hardiesse vigoureuse de leur réalisme, par une originalité et une verve extraordinaires. L'audace du talent de Hernandez s'est donné pleine carrière dans quelques personnages familiers qui représentent l'élément comique de ce grand drame conçu à la façon des *autos sacramentales* de Calderon. Les Juifs qui frappent le Christ, ceux qui le raillent en le montrant du doigt, sont campés d'une façon magistrale; ils se tordent et se renversent dans des attitudes d'une vérité surprenante. A travers leurs gestes bouffons et sous leur expression trivialement énergique éclate, avec une sorte de féroce exubérance, cette veine grotesque qui se mêle de si près aux principales manifestations de l'art en Espagne.

Je ne veux pas dresser le catalogue du musée de Valladolid. On y verra principalement, dans l'école nationale, des tableaux de Zurbaran et de Ribera; dans les écoles étrangères, des toiles très-authentiques et très-belles de Rubens, qui a semé ses chefs-d'œuvre partout. Comme réunion de tableaux, ce n'est là qu'un musée de troisième ordre, tout au plus; mais comme réunion d'objets artistiques de toute nature, surtout comme expression de l'art indigène, je n'en connais guères de plus intéressant. Outre Hernandez, vous y étudierez Berruguète, génie non moins étrange, non moins national, non moins exubérant que lui, et Juan de Juni, talent éclectique, qu'on peut considérer comme un initiateur discret et modéré, comme une sorte d'intermédiaire entre la sculpture classique et la sculpture espagnole. Les bronzes du Milanais Pompeio Leoni, les statues du Portugais Pereida, qui a su donner à ses têtes de saints une expression si profondément mystique, et celles de Becerra, l'un des plus illustres héritiers de Berruguète, complètent les richesses spéciales de ce musée.

La prodigieuse fécondité de Berruguète avait peuplé toutes les églises et tous les couvents d'Espagne de ses productions. Les stalles et les sculptures sur bois peint de cet élève de Michel-Ange sont innombrables d'un bout à l'autre de la Péninsule. Beaucoup figurent aujourd'hui au musée de Valladolid, grâce aux deux ou trois révolutions récentes où l'Espagne, commençant enfin à se mettre au pas de l'Europe libérale, s'est *civilisée* jusqu'à fermer un grand nombre de cloîtres.

Le jour baissait lorsque je rentrai à la *casa*. Je n'avais pris, dans la matinée, que l'inévitable omelette et quelques fruits, et je mourais de faim. Je trouvai la table dressée dans le *patio*, c'est-à-dire dans la cour intérieure, métamorphosée en salle à manger. Ces *patios* abondent à Valladolid, comme dans toutes les vieilles villes espagnoles; souvent ils sont entourés d'arcades, que surmontent des galeries à balcons décorés d'ornements et d'arabesques qui les font ressembler plus ou moins aux cloîtres de nos églises gothiques. Mais le *patio* de ma *casa* n'avait, j'aime à le croire, aucune prétention architecturale. Il ressemblait tout simplement à une grange découverte, dont on eût remplacé le toit par une vaste toile, qui à force d'avoir été rapiécée, ne formait plus qu'une seule série

continue de lambeaux multicolores. Une demi-
douzaine de poules picoraient familièrement
les miettes du repas sur le sol inégal, et dans
un coin s'ouvrait un puits à système antédilu-
vien, où une Galicienne jaune comme une
orange — les Galiciens sont les Auvergnats
de l'Espagne, — lavait négligemment la vaisselle, pendant que deux convives en retard
achevaient de dîner.

On me servit une soupe à l'ail et au safran,
dont j'eus grand'peine à avaler la première
cuillerée. Une seconde tentative n'obtint pas
plus de succès que la première, et j'éloignai
majestueusement mon assiette en détournant
la tête. Le garçon parut surpris; néanmoins
il emporta le potage d'un air humble et dé-
bonnaire, et revint poser devant moi quelques membres épars d'un poulet sur lequel
je me jetai avec gloutonnerie. Les débris de
la pauvre bête nageaient dans une sauce d'un
brun rougeâtre, que j'essayai d'abord de sonder
avec la pointe de mon couteau, avant de passer outre : le coup d'œil encourageant du garçon me décida, et je portai timidement à mes
lèvres un morceau de pain imprégné de la redoutable mixture. Il m'échappa aussitôt une
exclamation de dégoût, que je regrettai vivement, en voyant la mine consternée du pauvre

diable. Les deux *huespedes* levèrent la tête, échangèrent quelques mots à voix basse, et continuèrent leur repas avec autant d'appétit qu'en peuvent déployer des Espagnols.

Comme détail de mœurs tout à fait patriarcal, je noterai en passant que chacun d'eux, lorsqu'il voulait se servir, allongeait sa propre cuiller vers le plat. Il est évident que des gens de mœurs aussi primitives ne peuvent avoir les goûts d'un Brillat-Savarin.

La sauce était un abominable mélange d'huile et de piment, à soulever le cœur le plus endurci. Sur un signe, le garçon enleva piteusement le plat. J'entendis dans les profondeurs de la cuisine le bruit d'explications échangées, et d'une discussion qui parut un moment vouloir tourner à l'orage. La cuisinière se sentait blessée dans son amour-propre, et il me sembla que le garçon prenait ma défense, mais avec mollesse et sans conviction.

Au poulet succéda d'abord une merluche fade et coriace, dont je rongeai mélancoliquement quelques atomes, accompagnés d'une bouchée de pain salé, et arrosés d'une goutte de vin de Val-de-Penas, épais et coloré comme de la lie, qui, malgré les neuf dixièmes d'eau dont je l'avais étendu, m'emplit la bouche d'une insupportable odeur de goudron, de poix et de bouc;

puis une assiettée d'énormes *garbanzos*, que le
garçon déposa devant moi avec une inquiétude
visible. J'avais trop appris à connaître les *gar-*
banzos, ces pois espagnols qui ressemblent à
des balles de gros calibre, pour essayer même
d'y goûter. Cette apparition néfaste m'arracha
un geste pareil à celui que dut faire Hippocrate
en refusant les présents d'Artaxercès, et à ce
geste, qu'il paraissait attendre, le garçon disparut comme une ombre, emportant le corps du
délit.

Les *huespedes* relevèrent la tête et me consi-
dérèrent quelque temps avec une curiosité
douce. Ils ne pouvaient concevoir qu'un être
civilisé, et qui semblait avoir faim, repoussât,
avec cet opiniâtre aveuglement, de si excellents
garbanzos. La rumeur d'une altercation nouvelle s'éleva de la cuisine : une voix féminine
faisait entendre sur un ton aigre des syllabes
sonores, qui donnaient à son indignation je ne
sais quel accent grandiose et surnaturel, tandis
qu'une voix d'homme cherchait à l'apaiser, en
lui expliquant sans doute que le voyageur était
un Français dépourvu de goût, habitué à la cuisine barbare de son pays. Le bruit s'apaisa, et
j'aperçus tout à coup, dans l'embrasure de la
porte, la silhouette d'une femme qui me dévi-
sageait avidement. C'était la ménagère de la

casa, venue sur la pointe des pieds pour voir par elle-même la figure de ce Français invraisemblable, qui se montrait inaccessible aux *garbanzos*, mou à la merluche, rebelle à la soupe à l'ail et à la sauce au piment. La figure disparut en rencontrant mes yeux fixés sur les siens.

Au bout de dix minutes, le garçon rentra. Il apportait la salade : c'était le couronnement de cet édifice culinaire. Je poussai un gémissement auquel il se méprit :

— *E buona*, me dit-il d'un air compatissant, comme un médecin qui parle à un malade; *buona ensalada, buona*.

— Ah! ah! *buona*, fis-je, encouragé.

— *Si, si*, dit l'honnête garçon, riant d'un air de bonne humeur et se frottant les mains.

Et il se mit à extraire lui-même du saladier une douzaine de feuilles qu'il transporta délicatement dans mon assiette, puis il se posa en point d'interrogation, avec la fatuité d'un artiste qui exhibe son chef-d'œuvre.

A la première bouchée, je sentis mon cœur se soulever, comme une vague à la marée montante. Le verre de vin que je portai instinctivement à mes lèvres m'acheva. La salade nageait dans des flots d'huile grasse et rance qu'on eût crue empruntée aux lampes de la cuisine. Déconcerté, écœuré, suffoqué, je posai ma fourchette, mais le garçon souriait toujours, en homme sûr de lui, et je n'eus pas le courage de lui arracher entièrement sa dernière illusion. Je fis donc un effort héroïque pour continuer jusqu'au bout. Malheureusement, ma force n'égalait pas ma bonne volonté, et je m'aperçus, aux sourdes révoltes de mon estomac, qu'il serait dangereux de le forcer davantage.

— *Tortilla!* m'écriai-je brusquement.

— *Tortilla?* fit le garçon abasourdi.

— *Tortilla!* répétai-je d'un air impératif qui n'admettait pas de réplique.

Il alla communiquer à la cuisine l'ordre insensé du voyageur, qui voulait manger une omelette après sa salade. Je surpris un sourire sur les lèvres des *pupillos :* ils fumaient leur cigarette, en gens qui ont bien diné et qui digèrent encore mieux. Un ami venait de les rejoindre et causait avec eux, tout en dégustant le fond de la bouteille que l'un des deux convives lui avait familièrement versé dans son propre verre. Décidément, dans les auberges espagnoles de la vieille roche, on fait fi des superfluités du luxe, et l'on n'aime pas à y salir trop de vaisselle.

Ces réflexions profondes, dont je n'ai pas voulu faire tort à mes lecteurs, furent interrompues par l'entrée solennelle de la cuisinière, apportant elle-même l'omelette demandée. Elle la plaça sur la table, puis se tournant vers moi, m'adressa avec volubilité une longue harangue, accompagnée d'un geste uniforme, qui consistait à frapper de temps en temps le bord du plat de l'index de sa main droite, et à diriger ensuite cet index vers ma poitrine.

Puis elle s'arrêtait, en remuant la tête d'un air interrogatif :

— Je ne comprends pas, lui disais-je.

Alors elle recommençait.

Quand ce manège eut duré cinq minutes, les *huespedes* jugèrent à propos d'intervenir, et tous trois à la fois se mirent à m'expliquer, en espagnol, ce qu'elle voulait dire. Je coupai court à cette tentative désespérée par un dernier signe d'inintelligence, que la cuisinière répéta d'un air de résignation douloureuse, en prenant du geste les *huespedes* à témoin qu'elle avait fait ce qu'elle avait pu. J'ai quitté l'Espagne sans être parvenu à percer ce mystère, qui m'intrigue aujourd'hui encore. Parfois, la nuit, je me réveille en sursaut pour me demander avec angoisse :

— Mais qu'est-ce que la cuisinière de Valladolid pouvait bien avoir à me dire?

En me voyant tirer le plat et y porter la cuiller d'une main ferme, mon interlocutrice se

calma subitement, et, s'adossant à la muraille,
elle arrêta sur moi un regard fixe que je sou-
tins sans pâlir.

Hélas! par un raffinement culinaire que je
n'avais pas prévu, et dont j'étais bien indigne,
l'omelette était aux tomates! Je la mangeai cependant, ou du moins j'en mangeai la moitié :
je mourais de faim et je me sentais sévèrement
surveillé.

La ménagère voulut bien se montrer à peu
près satisfaite de ce demi-succès, et, avec un
petit grognement de révolte mal apaisée, elle
emporta presque triomphalement les débris de
l'omelette, non sans avoir, d'un geste rapide,
fait constater en passant aux *pupillos*, qui haus-
sèrent les épaules en forme d'adhésion, que
j'avais laissé les tomates sans y toucher. Ce
geste signifiait clairement :

— Que voulez-vous qu'on fasse avec un Français qui n'aime pas les tomates dans les ome-
lettes?

Et celui des convives lui répondait :

— Il faut avoir pitié de ce malheureux, *señora*, et ne pas s'en occuper davantage.

Le garçon reparut, l'oreille basse. Il apportait
le dessert. C'était une petite tasse, pleine de
beurre, et une demi-douzaine de gâteaux ronds
sur une assiette.

Il faut avoir goûté le beurre et la pâtisserie
d'Espagne, avoir vérifié par soi-même la rance
et nauséabonde âpreté du premier, la sécheresse
et la dureté de la seconde, pour apprécier le
sentiment d'angoisse dont je me sentis le cœur
serré à cet épilogue du repas. Sans même essayer de toucher à l'un, je broyai précipitamment sous mes dents, pour détourner les soupçons de la terrible ménagère, quelques gâteaux
ronds, vrai biscuit de mer, mais d'une saveur
odieusement sucrée, que je fis passer à l'aide
d'un grand verre d'eau. Puis, saisi d'une indignation profonde et concentrée, morne et sombre comme la statue du commandeur, bien
résolu à ne pas m'asseoir une fois de plus à la
table de l'Espagne, je tirai mon livret-Chaix de
ma poche. Le train express se dirigeait sur
la France à onze heures du soir ; il en était
neuf. Je demandai ma note : le garçon m'apporta innocemment un bougeoir ; mais quand
il me vit saisir ma valise par la poignée, il
finit par comprendre. Je payai un *douro* (cinq
francs), car je dois rendre cette justice à la
ménagère de la *casa*, qu'elle n'abusa point
de l'affront que j'avais fait à sa cuisine pour
me rançonner sans merci ; et, refusant d'un
geste royal le garçon qui s'empressait, je m'a-
cheminai au hasard vers l'embarcadère, que

j'avais aperçu le matin dans mes courses.

J'aime à croire que mon départ fit quelque sensation, et qu'on en parle encore à la *casa*.

Dans une rue voisine, un mendiant, couvert de loques indescriptibles, coiffé d'un feutre mou, le bras gauche appuyé sur une béquille et la jambe droite en écharpe, pinçait amoureusement de la guitare sous un balcon, en s'accompagnant d'une voix nasillarde, où les désinences sonores retentissaient comme des cordes qui se brisent, ou comme des coups de marteau sur une cloche fêlée. C'était le dernier adieu de l'Espagne pittoresque au touriste oublieux qui la fuyait en secouant la poussière de ses pieds. Je jetai quelques maravédis dans le chapeau du mendiant, et la guitare se mit à vibrer de plus belle.

— O Espagne ! Espagne ! disais-je à part moi, pourquoi à tant de poésie ne joins-tu pas un peu de confortable?

Cette question sentait passablement son Joseph Prudhomme, je m'en aperçois aujourd'hui, et il est probable que, du jour où l'Espagne sera devenue un peu plus confortable, elle sera un peu moins poétique. Mais dans l'état d'exaspération sourde où je me trouvais pour le moment, je n'étais même pas capable d'un raisonnement aussi simple.

L'Espagne a gardé cette vertu du moyen âge, considérée comme un vice chez les nations *avancées*, de savoir se contenter de peu. Le proverbe anglais : *Time is money*, et l'axiome français : *Enrichissez-vous*, n'ont pas cours de l'autre côté des Pyrénées, et tandis qu'on lit, à l'entrée de tous nos villages : « La mendicité est interdite dans cette commune », il n'est pas un Espagnol qui rougisse de faire l'aumône, ou de la demander, s'il en a besoin. Le pauvre y est traité avec une sorte de respect, et accueilli partout sur le pied de l'égalité chrétienne. Je ne juge pas, je me contente d'exposer, ne voulant pas me mettre de querelle sur les bras avec les redoutables théoriciens de l'économie politique. C'est le seul peuple peut-être qui ait créé toute une littérature pour la glorification de la faim et l'apothéose de la misère. Les romans picaresques forment en Espagne comme un interminable cycle d'Iliades, où l'on chante la vaillance des va-nu-pieds et l'intrépidité joyeuse avec laquelle ils narguent le dénûment. Par là, ces bizarres récits tout débordants de bouffonnes aventures et de personnages cyniques, tiennent encore à l'idéal et se rapprochent, en quelque sorte, du Romancero. Lazarille de Tormes, Marc Obregon, don Pablos de Ségovie, Guzman d'Alfarache, et tous ces spirituels vauriens que Lesage a naturalisés chez nous, sont aussi des chevaliers et des héros à leur façon : les chevaliers du vagabondage et les héros de la gueuserie. Cette burlesque épopée ne pouvait éclore qu'en un pays qui, aujourd'hui encore, malgré ses progrès, n'est pas assez civilisé pour mépriser l'indigence et pour estimer l'argent au-dessus de tout.

Au bout d'une heure et demie de marches et de contre-marches, ayant demandé vingt fois la gare à des passants pleins d'obligeance, qui se faisaient un devoir de me conduire aussitôt à la porte du plus prochain hôtel, je finis par aborder au port. Vingt minutes après, le train arrivait de Madrid, et je montais en wagon.

VII

Le proverbe dit : « Qui dort dîne ». En con-
séquence, je n'avais rien de mieux à faire que
de m'endormir ; mais mon sommeil fut cruellement troublé par les cahots et par des cauche-
mars où la redoutable cuisinière de Valladolid
me poursuivait sous toutes les formes, accom-
modée en merluche et en *tortilla* aux tomates,
hideusement maquillée à l'huile et au beurre
rance. Une pluie violente qui se mit à tomber
vers minuit, pendant mon premier sommeil,
introduisit un nouvel élément dans mes rêves
agités : je l'entendais vaguement résonner sur les
vitres du wagon, et, la réalité se mêlant aux il-
lusions du songe, il me sembla qu'il pleuvait des
garbanzos et que je ne pouvais me dérober à la

poursuite de ces monstrueux légumes, qui s'élevaient en montagnes autour de moi et m'entraient de force dans la bouche.

Je ne m'éveillai définitivement que le lendemain matin, entre huit et neuf heures. Le train prenait haleine devant une station, où je lus le nom de Tolosa. La ville est dans une situation charmante, encadrée entre deux montagnes qui lui forment un abri, plus blanche et plus souriante, à ce qu'il me sembla, que la plupart de ses sœurs espagnoles. J'ouvris mon Guide-Joanne, qui confirma cette première impression. De jeunes Guipuzcoanes, aux longues nattes roulant sur leurs épaules, aux jupes courtes bariolées d'éclatantes couleurs, nous regardaient, accoudées aux barrières, et, çà et là, passaient de grands Basques, hardiment découplés, en culottes de toile blanche, en bérets bleus et en sandales de cuir de bœuf curieusement ouvragées. Je me sentis pris d'une violente tentation de faire une dernière descente sur la terre d'Espagne, afin de me séparer d'elle en bons termes.

La vue du buffet me retint, en me remettant sous les yeux l'objet de mon ressentiment.

— Patience, patience! me disais-je. La France est proche. Jusque-là, du courage !

Un incident vint en aide à ma résignation. Je découvris au fond de ma gibecière un quartier

10.

de poire, précieusement enveloppé dans un fragment de *la Epoca,* qui dormait là depuis l'Escurial. Ce ressouvenir du palais de Philippe II me fut très-précieux pour le moment, et je doute que Robinson, dans son île déserte, ait découvert avec plus de joie la trace du pied de Vendredi.

C'est bien : voici Irun. Les deux gendarmes jaunes sont toujours debout devant la gare. On dirait qu'ils n'ont pas bougé depuis mon passage. Un vague soupçon me traverse l'esprit : seraient-ce des gendarmes en pain d'épice, plantés là pour économiser les frais de la force armée? Mais il est trop tard pour vérifier ce soupçon. Le train a déjà franchi la moitié du pont. Hourrah! nous sommes en France!

L'horloge de la station d'Irun marquait dix heures vingt; celle d'Hendaye, le premier village français, marque près de onze heures au moment où nous arrivons. On jurerait pourtant que nous n'avons pas mis plus de cinq minutes à franchir la distance. Le temps volerait-il avec cette rapidité dévorante sur ma terre natale? Un douanier obligeant, en s'emparant de mon sac de nuit avec une obséquiosité impérieuse, m'explique le mot de l'énigme : de l'autre côté du pont, j'avais l'heure de Madrid, et, de ce côté, j'ai l'heure de Paris, qui est en avance de vingt-cinq minutes sur celle de la capitale des Espagnes. L'heure de Paris, comprenez-vous ? Il me semble que je tiens déjà Paris lui-même.

Soixante-quinze minutes encore de course à toute vapeur. Un monsieur opaque, placé en vigie à la portière, m'intercepte tout le paysage, comme pour m'éviter la tentation de le décrire de nouveau. Enfin la vigie se retourne et signale Bayonne.

Bayonne !... Homme opaque, soyez béni !

Je me précipite hors du wagon et ne fais qu'un saut, en un millier d'enjambées, du débarcadère à la place Grammont. Au premier coin, j'avise un café, et j'entre comme une trombe :

— Garçon, un bifteck aux pommes !

— *Si, señor*, me répond gravement le garçon.

Malédiction ! c'est encore un Espagnol. La patrie des *garbanzos* me poursuit. J'avais oublié que Bayonne est une ville *internationale*. Pourvu que la cuisine ne soit pas internationale aussi !

Le bifteck arrive. Dieu soit loué ! il est français, et très-français.

Le garçon se penche à mon oreille :

— Que désire monsieur après cela ? Monsieur désire-t-il une bonne omelette ?...

— Une omelette ! dis-je avec un soubresaut

convulsif... Ai-je bien entendu? Est-ce bien une *tortilla* que vous voulez dire?

— *Tortilla, si, señor*, dit le garçon avec un sourire béat, mais inquiet.

— Ah! ah! une *tortilla*, malheureux! Pour qui me prenez-vous? Je reviens d'Espagne, c'est vrai, mais je suis Parisien, vous entendez! Regardez-moi en face, garçon : je repasserai ici quelque jour, peut-être le mois prochain, peut-être dans dix ans; vous me reconnaîtrez, n'est-ce pas?

— Oui, monsieur, certainement.

— Eh bien, ne vous avisez pas de m'offrir jamais une omelette, — aux tomates surtout; ou, — comprenez-moi, — ou je vous la fais manger!

— Bien, monsieur! fit le garçon, abasourdi, effaré de cette explosion imprévue.

Tout en déjeunant, j'avisai sur une table la feuille bordelaise dont mon ami est le critique officiel. Je me fis apporter la collection des quinze derniers jours, et je cherchai avidement le compte rendu du ballet espagnol du Grand-Théâtre, pour y savourer les prodiges de couleur locale que ne pouvait manquer d'y avoir jetés à profusion la plume de mon compagnon de voyage. Rien : ni ballet, ni article. Quel était ce mystère? Je résolus de l'approfondir à Bordeaux et d'interroger mon ami.

Mon premier soin, en arrivant dans cette ville, fut de passer aux bureaux du télégraphe. Je déclinai mon nom :

— Il y a une dépêche qui vous attend depuis huit jours, me dit l'employé.

La dépêche était de mon fidèle et scrupuleux portier.

« Revenir vite. Avoir reçu congé ; boulevard passer sur notre maison ; déménager au terme.

» POCHET, concierge. »

—Dieux immortels ! m'écriai-je *in petto*. Pendant que l'Espagne, monarchique ou républicaine, reste stationnaire, Paris marche toujours !

Je me retournai vers l'employé ; il avait une bonne figure et ne semblait pas très-occupé pour le moment :

— Pardon, monsieur, lui dis-je ; vous avez l'air complaisant : me permettrez-vous de vous demander un renseignement tout à fait étranger à la télégraphie ?

— Faites, monsieur : je suis aussi complaisant qu'un autre, quand j'en ai le temps.

— Je désirerais savoir ce qu'est devenu certain ballet espagnol qu'on devait donner au Grand-Théâtre il y a une quinzaine de jours.

— Il n'a pas été donné, monsieur : les danseuses espagnoles se sont brouillées avec le directeur la veille de la première représentation, et ont passé à Toulouse. On l'a remplacé par un ballet turc.

— Ah! mon Dieu! et le feuilleton de mon pauvre ami?

Cette exclamation m'échappa, sans que je m'en rendisse compte.

— Vous voulez parler de M. X*** ? me dit l'employé.

— Justement. Vous le connaissez?

— Je dîne, c'est-à-dire je dînais tous les soirs avec lui à table d'hôte. Il s'est brouillé le même jour avec son directeur, et il est aujourd'hui rédacteur d'un journal de Toulouse.

— Ah! le gaillard! il suit les danseuses. Il tient à placer son feuilleton. Monsieur, je vous remercie.

— Comment donc, monsieur! tout à votre service.

Je partis le jour même pour Paris, où j'arrivai juste à point pour voir démolir ma maison.

— Monsieur est resté plus longtemps qu'il ne pensait dans son voyage à Bordeaux, me dit mon concierge, après les premiers épanchements.

— C'est que je suis passé par Madrid.

— Ah! fit-il, étonné.

Une demi-heure après, en descendant de mon appartement, je le surpris penché sur une carte :

— Monsieur, monsieur, me cria-t-il en me voyant entrer, vous avez pris le plus long : vous avez fait un détour de dix-sept cent trente-quatre kilomètres.

— Bah !

— Tout autant, monsieur; voyez plutôt.

— Je vous crois, monsieur Pochet; mais que voulez-vous ? je suis si distrait !

— Ah ! fit-il de nouveau.

Et, pendant que je sortais, je le surpris qui mettait mystérieusement le doigt sur son front, en jetant un coup d'œil d'intelligence à sa femme.

SIMPLE COUP D'ŒIL

SUR LONDRES

LONDRES

I

Dans la soirée du 12 mai 1870, j'ai pris à la gare du Nord le train de marée pour Boulogne. J'étais las, ennuyé, un peu malade. Mon médecin m'avait ordonné quinze jours de vacances et j'avais conçu l'idée bizarre d'aller les passer à Londres : je dis bizarre, car ce n'est pas à Londres qu'on va généralement quand on désire combattre la fatigue et l'ennui, et ce remède ne serait conseillé par aucun docteur, à moins qu'il n'appartienne à la médecine homéopathique.

Le lendemain, par une aube grise et froide, je traversais, me croyant déjà de l'autre côté de la Manche, les larges rues de la ville où se pré-

para jadis l'invasion de la Grande-Bretagne, et
que la Grande-Bretagne a envahie au contraire.
Deux heures après, je mettais le pied sur le sol
anglais, à Folkestone. Le train attendait en
gare, et je n'eus qu'à passer directement du bateau en wagon, sans avoir même aperçu la ville.
Tout ce que j'ai retenu de la patrie de Harvey,
c'est l'effet criard produit par des milliers de
petites affiches multicolores, aux caractères
nets et aux couleurs tranchées, tapissant tous
les murs de l'embarcadère.

Deux heures encore et nous voici arrivés. La
première apparition de Londres, vue des fenêtres du wagon et, pour ainsi dire, porte à porte,
a quelque chose de vertigineux. Le chemin de
fer pénètre jusqu'au centre de la ville, que le
railway domine. On ne voit que des toits et des
cheminées; mais que de toits, bon Dieu, que de
toits ! Le chemin de fer court, vole, s'enfonce à
droite, revient à gauche, enjambe les rues par
centaines, par milliers, avec la rapidité de la
foudre, — et toujours, à perte de vue, le même
océan de briques rouges et noires emplissant
l'horizon de sa masse compacte. Enfin, une
éclaircie se fait. Le train débouche sur un pont
de fer, la Tamise apparaît, large, bourbeuse et
couverte de bateaux ; le dôme de Saint-Paul, la
tour de l'abbaye et l'énorme masse du Parlement

se montrent comme dans un éclair ; puis le train s'arrête : on est arrivé.

Au sortir de la gare, je hèle le premier cab qui passe et me fais conduire à l'hôtel.

Je suis descendu à Leicester-Square, en plein quartier français, et un gros garçon coiffé d'une casquette galonnée, qui a le pur accent du faubourg Saint-Antoine et la barbe farouche d'un réfugié, crie le *Rappel* sous mes fenêtres. Des enfants hauts comme ma botte, — ce qui est une pure métaphore, car je n'ai pas de bottes (le lecteur me pardonnera ce détail de ma vie privée, imité des confidences d'Alexandre Dumas et de Timothée Trimm) — me poursuivent dans la rue avec le *Gaulois*, le *Diable à quaire* et le *Figaro*. Le *Petit journal* a ses crieurs ici, comme partout. L'hôtel est tapissé, jusque dans ses endroits les plus intimes, d'affiches qui me recommandent *Paris-Journal* comme l'organe par excellence de la *fashion* et du *high life*. Partout sur les murs, en lettres gigantesques, visibles de plusieurs kilomètres, je lis les noms de M. Fechter, de mademoiselle Nilsson, de mademoiselle Schneider et de M. Dupuis, enfin de M. Gustave Doré, qui a organisé ici une grande exhibition de ses tableaux, dont les critiques français, ne font pas, on le sait, tout le cas séant.

Du reste, l'affiche est la souveraine de Londres : elle en a pris possession comme d'une ville conquise. Dans chaque rue se promènent à la file des légions d'hommes-affiches, à l'air mélancolique et piteux, enfermés entre deux planches comme une tranche de jambon entre deux croûtes de pain dans un sandwiche. Çà et là stationne une voiture découverte, au centre de laquelle un monsieur debout, aussi majestueux que Jupiter Olympien, maintient dans la position perpendiculaire un placard colossal. On met même des affiches à terre, en les entourant de petits cailloux artistement disposés, et les journaux politiques déposent à leur porte des sommaires dont M. Millaud serait jaloux.

Mais, malgré ces quelques analogies et les emprunts de Londres à la civilisation parisienne, on est beaucoup plus frappé des contrastes qui font de la capitale de la France et de celle de l'Angleterre deux villes semblant appartenir à deux mondes différents. La rapidité du voyage ajoute encore à l'effet de l'antithèse. Elle éclate dès votre premier pas sur le pavé de Londres, dès votre entrée dans le cab qui vous mène à l'hôtel. Singulières voitures que ces cabs, et bien anglaises! A la rigueur, deux personnes minces peuvent y tenir, mais il faut être seul pour s'y trouver à l'aise. On monte,

on rabat sur ses genoux les deux battants d'une
porte, qui vous enferment comme une sardine
dans sa boîte. Si l'on a besoin d'entrer en com-
munication avec le cocher, perché par derrière,
de lui montrer la rue où l'on veut passer, de lui
indiquer un changement de direction, il suffit
d'un mouvement de la canne qu'on tient à la
main. Le cocher verra la canne sans vous voir
vous-même. Une fois en càb, vous êtes chez
vous : les Anglais s'appliquent à créer l'*at home*
partout.

Ils le créent même dans les lieux de réunions
publiques. De là les *boxes* de leurs cafés. Chaque
table est le centre d'un petit appartement clos
de murs, où l'Anglais s'établit comme dans sa
maison. Il aime à se rassembler avec ses compatriotes, tout en restant isolé. Rien ne ressemble moins à nos établissements parisiens que
ces salles closes, sombres, tristes, à l'apparence
de prison. Les tavernes sont des cavernes. Il
faut être bien dévoré par la soif pour avoir le
courage d'y entrer. Même les deux ou trois
cafés qui s'intitulent français, dans le quartier
de Leicester-Square, et qui sont des prodiges de
gaieté relativement aux autres, m'ont donné le
spleen chaque fois que j'y ai pénétré. D'un bout
à l'autre de Londres, vous chercheriez en vain
un café où l'on pût prendre sa demi-tasse sur le

trottoir, comme il y en a tout le long de nos boulevards, ou dont la devanture s'ouvrit pour laisser pénétrer un peu d'air dans l'intérieur.

D'ailleurs, tous les Anglais comme il faut, tous les *gentlemen*, ont leur club; c'est pourquoi ils s'inquiètent fort peu de ces lieux de réunions à l'usage des petites gens.

Une fois le point de départ connu, tout se suit et tout se tient. Les cuisines et les pièces de service sont séparées de la maison d'habitation, et l'on y descend par un escalier qui s'ouvre au ras du trottoir. Dans les maisons habitées par plusieurs locataires, les Anglais placent leur concierge au dernier étage, absolument comme ils mettent leurs cochers derrière leurs voitures. C'est un moyen original pour éviter la curiosité de ce fonctionnaire domestique et son immixtion dans la vie privée des locataires. Il est vrai que l'étranger doit grimper trois ou quatre étages pour recueillir les renseignements dont il a besoin; mais l'étranger est un accessoire à Londres, qui n'est point une ville banale, une sorte de grand caravansérail à l'usage des touristes, comme le Paris de M. Haussmann. Londres est la propriété de ses habitants, qui y vivent à leur guise et ne sont point disposés à s'en laisser déposséder.

Il n'est pas jusqu'aux fenêtres des maisons

qui ne se rattachent au système général et ne portent le même caractère curieusement indigène. Ce sont les fenêtres dites *à guillotine*, dont la partie inférieure se soulève. Elles servent à introduire la lumière et, au besoin, un peu d'air, — pas à autre chose. En France, nos fenêtres sont faites de manière qu'on s'y puisse accouder. Un Parisien, après dîner, passera une demi-heure, les deux bras sur l'appui de sa fenêtre, à examiner les passants en fumant son cigare. Ici, cela n'est pas possible. Les fenêtres n'ont point d'appui. Pour passer la tête au dehors, il faudrait commencer par se mettre à genoux, et *la guillotine* serait capable de justifier son nom en vous retombant sur la nuque. C'est qu'un Anglais, quand il est chez lui, ne sent jamais le besoin de regarder dans la rue.

Quant à moi, qui ne suis pas Anglais, ces fenêtres sont une de mes tortures. Le spectacle de la rue m'a toujours attiré, et j'aime à y assister de chez moi, comme d'une stalle de balcon. A Londres, en particulier, le formidable tapage qui monte incessamment de la voie publique, le mouvement frénétique des cabs, des omnibus, des véhicules de tout genre excitent au plus haut point la curiosité du voyageur. Londres est une fournaise de 320 kilomètres carrés, toujours

en ébullition, excepté le dimanche. Au point de
vue de la foule et du bruit, Paris n'est, en comparaison, qu'une préfecture de première classe.
La métaphore de la fournaise, qui n'a rien de
bien original, se présente d'autant plus naturellement à l'esprit qu'elle est gravée, pour ainsi
dire, jusque dans la physionomie matérielle de
la ville, sur ses maisons recouvertes d'une couche de suie et dans cet éternel brouillard qui fait
songer à la fumée d'une chaudière immense. A
voir les figures couperosées des respectables
matrones anglaises, les joues apoplectiques des
mylords, les habits rouges des matelots, des soldats, des commissionnaires et des décrotteurs,
on se croirait, avec un peu d'imagination, au
milieu d'une population de homards cuits à
point, ce qui complète le rapprochement d'une
façon piquante.

Je n'ai point l'intention d'abuser de mon séjour à Londres pour décrire la ville en détail. Vous dépeindre Saint-Paul, cette grande métropole que la capitale du protestantisme a voulu opposer au Saint-Pierre de la capitale catholique, cela manquerait un peu trop de nouveauté, et si j'allais vous apprendre que Chaucer, Addison et Goldsmith, Garrick et Shakespeare, Haëndel et Wilkie, sont enterrés à l'abbaye de Westminster, vous pourriez me répondre, comme Dandin à l'Intimé : « Oh! passons au déluge! »

Le seul caractère vraiment frappant de Londres, c'est l'énormité; mais ce caractère est partout. Il suffit pour pénétrer l'esprit d'un sentiment d'admiration mêlée d'un certain effroi. L'étendue de Londres fatiguerait le vol de l'hirondelle. Les moindres sorties absorbent une demi-journée, comme elles demanderaient vingt minutes à Lyon ou à Marseille, et pour aller prendre le bateau de la Tamise, qui est *à ma porte,* il me faut exécuter un voyage au bout duquel je finis par tirer la jambe et traîner le pied.

A vrai dire, Londres ne finit pas : il absorbe tout ce qui le touche, s'étend d'un mouvement continu et rejoint en l'englobant chaque village, chaque maison de sa banlieue. Aucune enceinte nettement tracée ne marque les contours de cette grande ville, faite d'une agglomération incessante, et qui en renferme cinquante dans son sein, juxtaposées et solidement soudées l'une à l'autre, sinon entièrement fondues. Quant à moi, j'en ai vainement cherché le bout à tous les points cardinaux. Certains omnibus ont des itinéraires de trois lieues, et le temps pendant lequel vous roulez en cab tout droit devant vous, dans la plupart de vos courses, a quelque chose d'invraisemblable et de fantastique. Dimanche, j'ai pris le bateau près de Charing-Cross, qui est le point central de la ville, et pendant cinq quarts d'heure j'ai descendu la Tamise jusqu'à Greenwich, au milieu de deux files ininterrompues et compactes de docks, de magasins, d'usines, de bâtiments noirs et gi-

gantesques qui, passés ainsi en revue du pont
d'un bateau, donnent une fière idée du commerce et de l'activité de Londres.

Rien n'est sacrifié à la grâce et à l'agrément
dans cette ville de cyclopes. Vous chercheriez
en vain à vous promener sur les quais et sur
les ponts pour jouir de la vue de la Tamise :
les quais sont des ports encombrés de marchandises; les ponts, sauf un ou deux tout au plus,
des monuments machinés avec une complica-
tion formidable. Parfois ils sont faits pour
les chemins de fer, et non pour les piétons,
car les chemins de fer parcourent Londres en
tous sens. On monte, on descend, on tourne,
on va, on revient, on franchit un tourniquet :
bref, il est tel de ces ponts dont le passage équivaut presque à celui du mont Cenis.

Je me suis trouvé par hasard, lundi dernier,
quelques minutes avant six heures du soir, devant la grande poste, dans la Cité. Un véritable
torrent humain s'engouffrait dans la cour de
cet établissement, toute bordée, non de boîtes,
mais d'entonnoirs dont la bouche peut engloutir
cinq cents lettres d'un coup. On les ouvre en
rabattant de longues planches qui laissent
apparaître les profondeurs du sous-sol, où
tombent les avalanches de dépêches expé-
diées. J'avais quelquefois vu l'assaut du bu-

reau de la Bourse, à Paris, vers la dernière heure ; mais que c'est peu de chose en comparaison de cette foule coulant, coulant, coulant sans cesse, armée de sacs et de corbeilles, qu'elle vide dans les trous béants comme des paniers d'ordures au coin d'une borne ! Pendant huit minutes, le même mouvement se prolongea avec une activité silencieuse autour de chacun des compartiments où le public doit faire lui-même le premier triage de ses lettres suivant leur destination, car une armée d'employés n'y pourrait assurément suffire. Le flot montait de seconde en seconde ; à mesure qu'on approchait de six heures, il se changeait en houle : il se produisait des remous, des courants, des marées subites ; on se poussait, on se bousculait en silence, on se marchait sur les pieds et on se refoulait du coude, sans prendre le temps d'échanger une parole. De temps à autre, le doux et blond *policeman* qui surveillait cette scène, extirpait avec délicatesse le plus turbulent de la foule, quelque saute-ruisseau d'une maison de banque voisine, — et le déposait à la porte.

Ceux qui n'ont pas vu les abords de la grande poste de Londres le lundi soir, au lendemain du repos forcé du dimanche, n'ont pas idée de l'effroyable quantité de lettres qui peut s'expédier en un jour sur un seul point de la création. Et quand on songe que toutes les boîtes voisines allaient venir se déverser dans la boîte centrale, et qu'après avoir envoyé le gros de leur correspondance, les commerçants de la Cité pouvaient continuer jusqu'à sept heures un quart, moyennant une taxe supplémentaire, on se demande quels sont les moyens de transport qui peuvent suffire à de pareilles expéditions.

Il y a encore deux choses à visiter à Londres, si l'on veut parvenir à se figurer les énormes proportions de cette ville monstre, qui atteint aujourd'hui, assurent les Anglais, quatre millions d'habitants : ce sont ses docks et ses parcs.

J'ai erré toute une après-midi, sans pouvoir en sortir, à travers les trois vastes docks qui se succèdent sur la rive gauche de la Tamise. Entré vers une heure, près de la Tour de Londres, par la porte des docks de Sainte-Catherine, qui ont environ dix hectares de développement, je sortais vers six heures, exténué, moulu, brisé, par la porte des docks des Indes, — qui occupent une superficie de 119 hectares. Combien de villes y danseraient à l'aise ! On y rencontre des salles de deux hectares et on y descend dans des caves longues de cinq milles. Chaque produit a son magasin spécial d'entrepôt : ici c'est l'indigo, là le tabac, le thé, le bois, etc., etc. Ce qui se mange, sous forme de conserve, et ce qui se boit, sous toutes les formes, occupent une très-large place dans les docks de Londres, comme il est naturel : j'y ai vu, particulièrement, plus de pipes de rhum et de madère, et surtout plus de barils de cognac que je n'aurais cru possible d'en boire pendant une année dans le monde entier.

Les magasins s'avancent jusque dans l'eau, et les vaisseaux pénètrent quelquefois au milieu des magasins. En vous penchant à une fenêtre, vous vous éborgnez à une vergue, et en sortant par une porte, vous vous cognez contre une proue, qui semble s'avancer pour la battre en brèche. Partout, à l'horizon, s'étend un inextricable enlacement de mâts, d'agrès, de cordages et d'esparres, et de la rive aux navires court une multitude de rampes, d'escaliers, d'échelles, de cales de tout genre. Puis, quand vient l'heure de la marée, qui se fait sentir dans la Tamise comme dans un bras de mer, les barques naviguent dans les cours, métamorphosées en bassins.

Rien n'est curieux à voir comme la population des docks. Parmi ces ouvriers à la robuste carrure, on retrouverait des échantillons du monde entier. Toutes les épaves viennent échouer là. A la fin de la journée, on ne laisse

pas sortir un homme sans l'avoir fouillé. Les
environs des docks sont un des points les plus
fourmillants et les plus tumultueux de Londres. Ils abondent en rues enchevêtrées, étroites,
puantes, dont les maisons garnies sont habitées, du haut en bas par des porteurs d'eau,
des couseurs de sacs, des portefaix, de pauvres
diables exerçant les mille et une industries
aquatiques auxquelles peut donner naissance
un fleuve comme la Tamise. Tous les épi-
ciers y vendent des provisions de mer ; des dé-
froques de matelots dansent aux devantures de
tous les revendeurs ; les marchands de ferraille
vous offrent des sextants et des boussoles.
Vous ne pouvez faire dix pas sans vous croiser
avec un policeman du fleuve, car le fleuve a
ses *policemen* spéciaux comme la terre ferme.
Des multitudes de tavernes, placées sous le
patronage de l'amiral Nelson ou du *Joyeux
matelot*, offrent le *gin* et le *stout* aux passants,
et par les portes entre-bâillées, on entend des
voix mâles qui chantent : *Poor Joe*, ou bien : *O
Britannia, the pride of the Ocean !*

Le charme de Londres, — et c'est à peu près
le seul, hélas ! — est dans ses grands parcs. In-
dépendamment de Victoria Park, qui s'étend au
Nord-Est de la ville sur un développement
prodigieux, Londres en a trois ou quatre, qui

se tiennent, qui se continuent l'un l'autre, et forment dans le West-End la plus admirable ligne de promenades que puisse se vanter de posséder une ville quelconque. Les Anglais ne sont pas si bêtes que les vaudevillistes parisiens le prétendent : ils se gardent bien de toucher à ces parcs, sachant qu'ils sont les poumons où s'élabore l'air respirable de Londres. Ce sont pourtant des gens pratiques, qui n'aiment point le terrain perdu; mais ils trouvent sans doute que la santé et l'hygiène sont des choses pratiques aussi.

Puisqu'on parle tant, à Paris, de nous faire des parcs *à l'anglaise*, il eût donc fallu ne pas commencer par les rogner et les amoindrir. Dix jardins comme notre Luxembourg, avant sa mutilation, tiendraient facilement dans Hyde-Park. Là les pelouses sont des prairies. Elles paraissent d'abord un peu jaunes et desséchées : c'est que les promeneurs en ont la jouissance et peuvent aller s'étendre sur l'herbe, au lieu d'errer à l'entour, comme en France. Il faut s'enfoncer dans ces parcs pour en découvrir les points de vue pittoresques et les aspects champêtres. Toutes les élégances de la civilisation s'y réunissent à tous les charmes de la nature, et tandis que les équipages défilent autour de la Serpentine, tandis que les *gentlemen* et les amazones

caracolent à qui mieux mieux, on voit plus loin
paître tranquillement des troupeaux de moutons
dont la rencontre vous transporte à cent lieues
de là.

Il en est absolument de même pour les
environs de Londres. Les jardins de Kew et
de Windsor n'en finissent pas. Je me suis promené dans les premiers pendant toute une
demi-journée sans en pouvoir trouver le bout,
et j'en suis revenu avec une courbature. Le Palais de Cristal, dont le parc, la grande nef, les
deux ailes, les transepts et l'immense corridor
qui le réunit à la station, embrassent plus de
80 hectares, avec son jardin d'hiver, ses collections d'histoire naturelle, ses myriades d'arbres
et de plantes exotiques, ses trois cents jardi-
nières suspendues à un coin des voûtes, sa bibliothèque, son salon de lecture, ses longues
suites de salles industrielles et architecturales,
ses musées de tout genre, ses galeries techni-
ques, artistiques et historiques, ses entasse-
ments de tableaux et de statues perdus dans ce
vaste espace comme des gouttes d'eau dans
l'Océan, son théâtre et sa salle de concert où le
plus formidable orchestre et des masses chorales
composées de milliers d'exécutants, produisent
à quelque distance l'effet du bourdonnement
d'une mouche, est écrasant pour tout autre

qu'un flegmatique et robuste Anglo-Saxon, et
c'est déjà une fatigue de parvenir jusqu'au centre, au croisement de la nef principale et du
grand transept, que tous les Guides prennent
pour point de départ dans leur description.

Même immensité dans les Musées et collections de tout genre qui forment l'une des plus
inépuisables richesses de Londres. Si nous vou-
lions entrer au *British Museum*, nous n'en sor-
tirions plus : il y en a pour un mois à visiter
tous ses salons, toutes ses galeries et ses bibliothèques. Le Musée de South-Kensington, formé
dans le but louable de faire l'éducation esthéti-
que du peuple anglais, qui laisse beaucoup à
désirer, et surtout des travailleurs, s'accroît
sans cesse de nouveaux appendices et de nouveaux pavillons, suivant les besoins. Il en
résulte que cette exposition universelle perma-
nente se compose de bâtiments sans mérite
architectural, sans symétrie même, reliés simplement par des corridors. En entrant dans la
cour, on croirait pénétrer dans une usine dont
le propriétaire n'a pas beaucoup d'amour-propre.
Mais, en parcourant l'intérieur, on s'aperçoit
bientôt combien cet édifice de piètre apparence
est, dans le détail, approprié à sa destination,
comme il est distribué avec art et comme tous
ces hangars de briques, de fer ou de bois, carrés

ou circulaires, hauts ou bas, isolés ou accolés, éclairés par le toit ou par la muraille, font valoir, sans en rien dissimuler, les innombrables trésors qu'ils renferment!

Puisque nous en sommes sur le chapitre des Musées, disons quelques mots de la Galerie Gûstave Doré. Elle se compose simplement d'une vingtaine de tableaux, pour la plupart connus à Paris. M. Doré y a joint pourtant cinq ou six œuvres inédites, dont la principale est le *Triomphe du christianisme*. Ceux-là même qui regrettent le plus de lui voir quitter si souvent le crayon pour la brosse, y reconnaîtront du moins Gustave Doré dans les grandes intentions dont ce tableau porte la trace, dans quelques figures d'un très-beau jet et d'un dessin hardi et vigoureux. Notons aussi, pour le choix des sujets, une *Titania*, et la *Victoire des anges*, d'après Milton : on voit qu'il fait sa cour aux Anglais en empruntant des thèmes à leurs poëtes. Ce genre de peinture a d'ailleurs tout ce qu'il faut pour leur plaire. Le pinceau de M. Doré est vraiment anglais, particulièrement dans ses paysages, et nos voisins sont ses plus grands et ses plus *précieux* admirateurs. Londres est sa seconde patrie : comme jadis Haëndel, il a été en quelque sorte adopté par l'Angleterre, qui ne lui marchande point son admiration, ne sépare pas le peintre du dessinateur, lui fait illustrer son poëte favori, Tennyson, et se presse à ses expositions permanentes.

La Galerie Doré est une sorte de petit sanctuaire : le buste de l'artiste trône au milieu, sa photographie brille à l'entrée; les visiteurs inscrivent leurs noms sur un registre s'ils tiennent à avoir, au prix de quatre ou cinq livres, une gravure de la *Françoise de Rimini*, « avec la signature de M. Doré. » Le catalogue n'est qu'un dithyrambe en l'honneur du brillant artiste. A la suite du titre de chaque tableau, on reproduit l'opinion de la presse et les jugements des principaux critiques d'art, d'où il appert que M. Doré est une de ces merveilles que la nature produit à peine de siècle en siècle. Il y est question à toutes les pages de son génie ; M. Tom Taylor le compare à Milton, et la *Saturday Review* le traite de phénomène. Je conçois, après cela, que M. Doré trouve ses compatriotes un peu froids pour lui, et qu'il se mette, depuis quelque temps, à travailler avec prédilection pour l'Angleterre.

Il aime tellement sa chère ville de Londres que, lorsqu'il l'a quittée depuis quelques mois, il se sent pris d'une nostalgie invincible. Londres est sa campagne : il y court en villégiature dès que la belle saison revient, et la

vue du dôme de Saint-Paul à l'horizon fait
battre son cœur. Il l'a visitée vingt fois de fond
en comble, dans ses plus infimes ruelles, dans
ses bouges les plus abjects, dans ses repaires
les plus clandestins, avec les écrivains, les journalistes, les chroniqueurs et les artistes indigènes; il en a exploré toutes les ténèbres et
toutes les misères, en descendant de cercle en
cercle cet enfer de la civilisation. Il a étudié le
type anglais dans toutes ses faces, dans toutes
ses variétés d'âge, de sexe, de condition, de fortune. Marins, mendiants ou gentlemen; marchandes d'oranges, buveuses de gin, ou blondes
ladies passant au galop de leurs purs-sang
dans la grande allée de Hyde-Park, il n'y a pas
un pli de leur costume, pas un geste, pas un
trait qu'il ne sache par cœur. Il est allé partout, dans les prisons, dans les refuges, aux
marchés populaires, dans les foires aux haillons
et aux vieux souliers, dans les tavernes, et
aussi dans les environs de Londres, au Jardin
zoologique, à Kensington, sur la bruyère de
Hamstead, au Derby.

Il connaît à fond les *lunchs* sur l'herbe ou
dans les équipages d'Epsom, les amusements
populaires de ce grand jour de fête nationale,
les *poules* tumultueuses, l'enthousiasme sur le
passage du *vainqueur*, l'inénarrable fouillis de

la pelouse et l'indicible cohue du retour. Il a croqué au vol l'effroyable fourmillement des rues, du pont de Londres, des docks, tous ces tableaux où il suffit de copier la réalité pour atteindre à un effet presque fantastique ; ces contrastes accentués et violents qui vous saisissent à chaque pas dans la ville immense et qui se prêtent si bien aux ressources d'un crayon fait pour rendre toutes les choses excessives et vertigineuses, les féeries de l'opulence archi-millionnaire, comme l'abjection de la pauvreté sordide et vicieuse : ici les merveilles et les éblouissements d'une civilisation raffinée ; là, toutes les dégradations de la misère la plus poignante et la plus sauvage : l'aristocratie et la *mob* ; Regents-Park et Whitechapel ; le West-End, Belgravia-Square, et le quartier de Saint-Gill. Ceux qui ont pu jeter un coup d'œil sur ses cartons savent tout ce que le Béhémoth britannique lui a inspiré de merveilleuses esquisses. Le jour où il se décidera à les vider, les Parisiens pourront voir Londres sans quitter le coin de leur feu (1).

(1) Depuis que ces lignes sont écrites, M. Gustave Doré a illustré deux volumes in-quarto sur Londres : un en anglais, par M. Blanchard Jerrold ; l'autre en français, par M. Louis Enault ; mais il est encore loin d'avoir épuisé sa provision.

III

Il m'a pris l'idée assez lugubre d'aller visiter
les cimetières de Londres. Outre son intérêt funèbre, cette excursion avait son intérêt d'actua-
lité, puisqu'on prétend nous donner à Méry-sur-
Oise un champ de repos à la mode anglaise.

Depuis près de quinze ans, à la suite d'un
acte du parlement qui ordonnait la fermeture
des innombrables cimetières *intra muros*, éta-
blis pour la plupart à l'ombre des églises, on a
ouvert à 24 milles de Londres, à Woking, une
nécropole où les corps sont transportés chaque
jour par une voie ferrée. Mais Londres possède
un très-grand nombre d'autres cimetières plus
petits, entourant la ville dans un rayon de
10 à 12 kilomètres, à partir du point central
de Charing-Cross, par conséquent à proximité

de son enceinte, qui s'étend indéfiniment et se
confond, pour ainsi dire, avec les campagnes
environnantes. La plupart même ne sont sé-
parés de Londres par aucune solution de con-
tinuité, ainsi que j'ai pu m'en convaincre par
une visite aux principaux d'entre eux. *Brompton*, *Kensal-Green*, etc., sont des endroits
d'aspect presque riant, qui servent en quelque
sorte de parcs, le dimanche, aux habitants du
voisinage. Comme *London Necropolis*, ces
champs de repos ont été concédés à des com-
pagnies particulières, qui se chargent de l'entreprise des funérailles et de l'entretien des
tombes. Les innombrables familles qui ne
veulent pas laisser déporter leurs morts au loin
sont donc parfaitement libres, grâce à l'esprit
d'initiative privée, si largement développé en
Angleterre, et aux garanties qu'il trouve dans
toutes les habitudes et les lois du pays, de s'a-
dresser ailleurs.

Il suffit, du reste, d'avoir vu les cercueils, à
peine suivis de trois ou quatre parents, emportés par les rues de Londres dans un fourgon
fermé, sans que personne songe à se découvrir,
et d'examiner ensuite nos corbillards marchant
avec une lenteur solennelle, escortés d'un nombreux cortége, salués sur leur route par tous
les passants, par l'ouvrier en blouse et par le

banquier dans sa voiture, par l'incrédule, le matérialiste et l'athée aussi bien que par le catholique, pour sentir aussitôt l'injure qu'on fait à Paris en voulant l'assimiler à Londres sur ce point. Le service des pompes funèbres est presque nul à Londres; la maison n'est point décorée de tentures; l'assistance, toujours extrêmement restreinte, va droit au cimetière. La fête des Morts n'existe pas; au lieu de devenir un objet de pèlerinage et un lieu de prières, la fosse à peine refermée n'est plus visitée que par le gardien. Les enterrements n'ont lieu qu'une fois par jour à Woking. Les cercueils, parfois enlevés la nuit, sans aucun cérémonial, de la maison mortuaire, sont conduits directement soit à l'église du cimetière, si l'on a choisi l'un de ceux qui s'ouvrent dans la banlieue, soit à l'embarcadère, — où ils attendent, souvent pendant plusieurs jours, qu'il y ait un nombre suffisant de *clients* pour former un train, — s'ils doivent être dirigés sur la grande nécropole. Dans les riches obsèques, quelques voitures de deuil les suivent, emmenant le maigre cortége. Si l'enterrement appartient aux dernières classes, les parents se rendent au lieu funèbre chacun de son côté : il est absolument interdit de suivre un convoi à pied dans les rues de Londres. Arrivés à la gare, qu'un simple mur sépare de celle des voyageurs et des marchandises, les morts sont déchargés sous une voûte obscure par une machine qui les hisse au premier étage, tandis que la famille monte, de son côté, par un escalier voisin; on se retrouve là-haut. Les hommes d'équipe superposent les bières dans des boxes fermées, qu'aucune décoration, qu'aucun signe ne distingue des wagons de bagage ordinaires.

A *London Necropolis*, l'enterrement se fait en bloc et par fournées. Tous les morts du jour, rangés côte à côte dans la chapelle, s'acheminent ensuite de compagnie, en une sorte de promiscuité banale, et s'arrêtent chacun à la place fixée par son numéro. Un service commun, suivi d'une tournée rapide sur les fosses, expédie en quelques minutes la cérémonie religieuse; et puis c'est fait.

En allant voir de mes propres yeux fonctionner l'*entreprise* qui sert de modèle et d'argument aux partisans de Méry-sur-Oise, j'ai vu arriver successivement les fourgons sous la voûte du *South Western Railway*, près du pont de Westminster, les uns suivis des parents de première classe en voiture, les autres rejoints ou attendus par les parents de troisième classe à pied. J'ai vu les bières *empoignées* et enlevées par un treuil, tandis que l'assistance était répartie dans les diverses salles d'attente. Malgré mon titre de simple curieux, et bien que vêtu d'un costume de voyage où n'entrait aucun emblème de deuil, j'ai été admis sans difficulté dans le convoi mortuaire. Après une heure de marche environ, pendant laquelle il avait suivi la voie ordinaire, croisant d'autres trains, longeant des chantiers encombrés de travailleurs et de marchandises, passant devant les stations où les voyageurs attendaient, le cigare entre les dents et parfois quelque chanson joyeuse aux lèvres, le convoi, renversant sa vapeur, entra par un embranchement dans le premier cimetière.

Nous le parcourions depuis quelque temps déjà sans que je m'en fusse aperçu, tant il est vide, tant les monuments en sont rares et mesquins! On s'arrêta devant une station, formée de quelques bâtiments qui renferment la maison du gardien et un café-restaurant. Les parents descendirent et je descendis avec eux. Il n'y avait que deux cercueils, bien que le chemin mortuaire eût chômé la veille et dût chômer le lendemain encore. On les transporta sur des charrettes plates, auxquelles s'attelèrent les croque-morts, pour les monter jusqu'à une chapelle assez semblable à une grange. Les parents, — deux d'un côté, trois de l'autre, — sui-

vaient par derrière. Pendant ce temps, la vapeur sifflait, et le train continuait sa course à
travers la nécropole, pour aller décharger le
reste de son funèbre fardeau dans le second cimetière.

Les chars furent rangés au milieu de la chapelle avec leurs cercueils. Un pasteur monta en
chaire et lut en anglais une prière de cinq à six
minutes, puis il descendit; les croque-morts
rentrèrent, se rattelèrent aux chars deux par
deux et les conduisirent à la fosse par des sentiers qui me parurent interminables. La Nécropole est énorme comme tout ce qui tient à cette
ville cyclopéenne. Elle est formée par la réunion
de deux cimetières qui mesurent une superficie
totale de mille acres, dont quatre cents sont
enclos de murs, et son immensité la rend plus
vide et plus lugubre encore. Rien de plus glacial
et de plus navrant que de voir ces deux ou trois
personnes suivant dans cette vaste solitude le
corps de leur père ou de leur mari, et disparais-
sant peu à peu comme si elles se fussent en-
foncées dans le désert.

La cérémonie terminée, je parcourus Woking
en tous sens. La mesquinerie et la rareté des
monuments, qui m'avaient déjà frappé au premier coup d'œil, me frappèrent encore davantage
pendant cette promenade, surtout par le con-

traste avec ce que j'avais vu les jours précédents
à *Kensal Green*, à *High-Gate*, à *Brompton*.
Sauf un petit nombre de colonnes et d'obélisques, ce n'était que simples pierres plates,
dressées comme des bornes, et portant une inscription en lettres noires. Cette première obser-
vation me mit en défiance et m'inspira des
doutes que je devais bientôt éclaircir. Tandis
que j'allais d'une tombe à l'autre, deux ou trois
trains de voyageurs passèrent, dans des flots
de fumée et au milieu d'un tapage assourdis-
sant. La ligne du *South Western* longe et domine la nécropole, et les coups de sifflet du ma-
chiniste viennent servir d'accompagnement aux
cérémonies mortuaires.

En entrant dans le café pour y attendre l'arrivée du train qui devait nous remporter à
Londres, je fus assez surpris d'y trouver les
deux familles attablées au comptoir, en compagnie des hommes des pompes funèbres. Elles
buvaient des pintes de porter, en dévorant des
sandwiches de grand appétit, et en échangeant
des conversations et des rires peu lugubres
avec les croque-morts, qui déployaient toute
leur verve pour les mieux consoler. Mais quoi !
le chemin de fer nous avait déposés au cimetière à midi un quart ; il ne devait nous reprendre qu'à deux heures et demie ; il restait

trois quarts d'heure d'attente, et il faut bien passer le temps. La douleur humaine a ses bornes!

Enfin nous remontâmes en wagon. Ce fut seulement alors que je remarquai, au-dessus du mur du cimetière, une grande enseigne, tout à fait pareille à celle de certaines maisons de commerce, et qui m'avait échappé d'abord :

WOKING CEMETERY

LONDON NECROPOLIS

Office : Lancaster place, 2, Strand.

La nécropole donnait aux voyageurs l'adresse de son représentant. En entrant à Londres, le soir, j'ouvris le *Times*, et j'y lus à la première page une annonce où elle se rappelait encore, en termes pressants, au souvenir du lecteur. On m'a dit qu'aux annonces se joignaient les affiches; je n'ai pu vérifier ce point, d'ailleurs parfaitement vraisemblable. Par là le cimetière de Woking est bien anglais : il répond au caractère pratique, positif, industriel de la race.

Pour l'Anglais, comme pour l'Américain — ai-je besoin de dire que je fais les exceptions séantes? — le mort est une non-valeur, un capital supprimé de la circulation. Le sans-façon de ces funérailles anglaises, où, comme on l'a

dit, le corps n'est plus qu'un *colis* dont on a hâte
de se débarrasser, et que la population entière
voit passer sans même y prendre garde, l'atti-
tude indifférente des familles, la précipitation
du service religieux, l'absence de toute solen-
nité, de toute émotion, de tout respect; le caractère sec et froid de ces obsèques à la vapeur,
ces cargaisons de morts numérotés, estampillés,
étiquetés, chargés par des treuils, emportés à
grande vitesse et à grand fracas, ce je ne sais
quoi de mathématique et de brutal qu'entraîne
après soi l'emploi des machines, faisant invasion dans le domaine du recueillement et du
deuil; le mouvement de l'embarcadère, la hâte
et le tumulte du départ, les employés qui vont
et viennent, bref, ce mode d'enterrement traité
comme une affaire de commerce et comme une
expédition de coton, tout cela peut être con-
forme aux habitudes et au tempérament britan-
niques, mais un Français ne saurait le voir de
près, comme je l'ai vu, sans tristesse et sans
répugnance.

IV

On ne saurait reprocher aux Anglais de
ne point suffisamment honorer leurs grands
hommes; ils les enterrent à côté de leurs rois,
et leurs deux plus belles églises, qui sont, pour
ainsi dire, les seuls monuments de Londres,
ressemblent à deux nécropoles peuplées des
plus glorieux débris de l'Angleterre. Saint-
Paul est tapissé de tombeaux; Westminster en
est tapissé et pavé. Nous pourrions écrire l'histoire littéraire, artistique, politique et indus-
trielle du pays, avec les murailles de ces deux
édifices, car les ingénieurs y tiennent compagnie aux généraux et aux poëtes, et l'on y
trouve côte à côte des noms tels que ceux de
Stephenson, Pitt, Shakespeare, Wilkie et Wellington.

Wellington, d'ailleurs, finit par devenir à
Londres une espèce de cauchemar pour le touriste. Le culte que l'Angleterre rend au vainqueur de Waterloo avoisine vraiment l'idolâtrie. Vous ne pouvez faire un pas sans le
rencontrer en bronze ou en marbre, à pied ou à
cheval, en grand costume ou nu comme la
main. Wellington est tellement passé à l'état
de Dieu, que sa nudité même a le privilége de
ne point choquer le *cant* britannique.

Quelquefois ses statues se touchent. A l'entrée de Hyde-Park, Wellington figure d'une
part en Achille, avec l'épée et le bouclier; de
l'autre, en général en chef, à cheval sur le haut
d'un arc de triomphe, où sa silhouette produit
l'effet d'un gigantesque bonhomme en pain
d'épice. Il a sa chambre funèbre dans la crypte
de Saint-Paul, et l'on y conserve, entouré de
lampadaires, comme une relique, le char colossal sur lequel furent déposés ses restes.

Quant aux rues et aux places de Wellington;
aux rues, aux places, aux ponts de Waterloo,
nous n'aurons garde d'en entreprendre la longue
énumération. On peut sourire de ce culte exor-
bitant rendu à une mémoire qui en devient
presque ridicule, aux yeux des sceptiques ou
des indifférents; il s'explique néanmoins, non-
seulement parce que Wellington, en définitive,

sauva son pays et l'Europe, mais parce que le *Duc de Fer*, comme l'appellent ses compatriotes, fut, avec ses qualités plus solides que brillantes, son amour du devoir, son intelligence droite et sa volonté ferme, le type par excellence de l'Anglais, qui se reconnait et se mire en lui comme dans son idéal.

Je viens de rencontrer encore un témoignage de cette idolâtrie jusque dans la galerie des figures de cire de madame Tussaud. Wellington, en effet, n'y figure pas seulement parmi les célébrités du siècle, entre le président Lincoln, le maréchal de Saint-Arnaud et Dumollard; il a sa chambre à lui tout seul, où il est représenté étendu sur son lit de mort et entouré des objets qui lui ont appartenu. Les Anglais ne s'en lassent pas.

Il est vrai que la chambre de Napoléon Ier fait contre-partie à celle de Wellington. C'est de l'éclectisme, et madame Tussaud, Française d'origine, a su accorder les égards qu'elle doit à ses deux patries. On y trouve, par exemple, 'e berceau du roi de Rome, la voiture qui servit au couronnement de l'empereur à Milan, la calèche dans laquelle il se promenait à Sainte-Hélène, et cent autres reliques impériales parfaitement *authentiquées* et revêtues des certificats les plus indiscutables. Madame Tussaud, qui est à son aise, a dépensé plus de 15,000 livres sterling, comme elle nous l'apprend dans son catalogue, pour acquérir ces objets. Je ne sais si elle n'en possède vraiment pas un plus grand nombre et de plus précieux que le Musée des souverains, et vous verrez que notre Louvre ira quelque jour compléter son approvisionnement dans la galerie des figures de cire de Londres.

Je n'avais garde d'oublier madame Tussaud. Comme l'ingénieur Brunel, qui perça le tunnel de la Tamise et qui est enterré à Westminster, c'est, je l'ai déjà dit, une gloire empruntée par l'Angleterre à la France. Elle descend en ligne droite du fameux Curtius, l'un des ornements du boulevard du Temple, l'une des célébrités du vieux Paris pittoresque. Madame Tussaud obtient à Londres plus de succès encore que jamais Curtius n'en eut à Paris. Le pied sur lequel elle a monté son établissement, le soin qu'elle prend de tenir à jour, de compléter et de varier sans cesse ses familles royales, ses orateurs, ses généraux et ses brigands, l'art véritable qui brille dans la confection de toutes ces figures, la richesse des costumes, la pratique habile et assidue de la réclame, car madame Tussaud fait presque autant d'annonces que *Moses and son*, le grand commerçant de la Cité; le ton qu'elle a su prendre pour parler aux

Anglais dans ses prospectus, en les remerciant avec effusion du soutien qu'ils lui ont toujours prêté depuis 36 ans qu'elle est fixée dans la métropole, et en protestant du désir de répondre à cette généreuse bienveillance par des efforts croissants, etc., etc., tout cela a classé la galerie des figures de cire parmi les établissements *respectables* de Londres. Un *gentleman* peut s'y montrer, et les jeunes miss y viennent apprendre l'histoire nationale en compagnie de leur mère, en suivant la série de tous les rois d'Angleterre depuis Guillaume le Conquérant jusqu'à sa très-gracieuse Majesté la reine Victoria, sans oublier le prince consort.

Il n'en coûte qu'un shilling d'entrée, ce qui n'est guère *respectable*. Mais le catalogue se vend six pences et l'insidieuse madame Tussaud a soin de changer à chaque instant l'ordre et le numérotage de ses figures, afin qu'il ne puisse pas servir deux fois. Même devant des têtes de cire, on finit par s'impatienter de ne rien comprendre à ce qu'on voit, et de risquer quelque confusion fâcheuse entre un grand homme et un grand coquin. C'est, d'ailleurs, un véritable traité d'histoire que ce catalogue, grâce à toutes les explications qu'il donne. Il pourrait servir pour la préparation au baccalauréat, et l'on ne regrette pas ses six pences.

Au bout de la grande salle commune, s'ouvre
un étroit passage barré par un tourniquet, au-
dessus duquel se lisent ces mots tentateurs :
Chamber of horrors. Eût-on le courage de résister d'abord à cette attraction, qu'on serait
vaincu après avoir lu les détails du catalogue,
qui vous apprend que la *Chambre des horreurs*
contient la réunion de tous les grands criminels
anglais, auxquels on a joint Dumollard, Pieri,
Orsini, le docteur Couty de la Pommerais, Ma-
rat dans son bain, les masques de Fouquier-
Tinville, Hébert, Carrier, Robespierre, le modèle de la Bastille, le modèle de la guillotine et
une foule d'autres objets du même agrément.
La disposition et la décoration de cette partie du
musée Tussaud, les draperies noires, les lampes
funèbres, l'obscurité lugubre, seraient dignes
de la mise en scène du plus terrifiant mélodrame : il n'y manque qu'un peu de musique à
l'orchestre, mais on doit en faire quelquefois,
car j'ai aperçu un orgue au milieu de la salle.
Bref, vous donnez six pences encore, et pour le
coup le prix est devenu tout à fait *respectable*.

Après les souverains, et avant les généraux,
les personnages qui tiennent la plus large place
dans cette galerie où l'imitation de la vie humaine est souvent poussée jusqu'à l'illusion la
plus complète, ce sont les orateurs. Vous y ren-

contrerez Cobden, Cobbett, Channing, Peel, Bright, lord Brougham, Daniel O'Connell, et que sais-je encore? A Westminster, à Saint-Paul, dans tous les monuments, dans les rues et sur les places publiques, on voit à chaque pas l'effigie des grandes illustrations du Parlement, et le nombre des statues de Pitt ne le cède qu'au nombre des statues de Wellington. Tout démontre à Londres qu'on est dans la capitale du gouvernement parlementaire. Tout y rend témoignage à la puissance de la parole et de l'opinion. Tout y dénonce à l'étranger une république aristocratique, quel que soit le nom sous lequel elle se déguise, gouvernée par les délégués de la noblesse et de la bourgeoisie réunis en assemblée souveraine.

Par ses proportions, par sa richesse, par son style architectural, le premier monument de Londres est à coup sûr le Parlement. C'est un monde : on y peut errer plusieurs jours de pièce en pièce, de couloir en couloir. La Chambre des Lords, en particulier, étale aux yeux une richesse presque féerique, dont le visiteur est ébloui et pour ainsi dire aveuglé. A la suite de la motion de sir H. Bulwer, sur le gouvernement grec et l'affaire de Marathon, des rassemblements considérables, formés autour de la statue équestre de Richard Cœur de Lion, au

pied de la Tour Victoria, devant la porte d'entrée des pairs et celle de la cour, discutaient
avec animation les déclarations du ministère.
Le lendemain, les rues étaient tapissées d'affiches. Le sommaire de chaque journal s'étalait
jusque dans les ruisseaux. — MARATHONIAN
SLAUGHTER. *Under State secretary's Declaration.*
Ces mots se lisaient partout en lettres gigantesques, et les petits marchands de feuilles publiques, qui traquent les passants avec le *Globe*
et l'*Écho*, et ne vous lâchent même pas sur l'impériale des omnibus, les glapissaient sur les
tons les plus variés. Des Irlandais se prome-
naient gravement le long de Piccadilly et de
Regent'Street, coiffés de chapeaux lumineux
qui annonçaient pour le lendemain un grand
meeting, et en flânant dans Fleet-Street, je vis,
à la porte d'un *Dining room*, deux gamins de
Londres tenant, au bout de longues perches,
des pancartes de six pieds de long, dont je ne
pus lire que le titre :

SIR H. BULWER'S GREAT MOTION

Je m'informai, et j'appris que j'étais à la porte
du *Temple Discussion Forum*, — un café-res-
taurant-meeting, — où l'on discute en règle les
affaires publiques, en buvant l'ale et le ginger-
beer. Chaque jour, le sujet de la discussion du

soir est affiché aux vitres du café, avec la liste
des orateurs inscrits. Une note invite particulièrement les étrangers à prendre part aux débats. Le président est nommé par l'assemblée.
Bref, ce n'est ni plus ni moins qu'un Parlement
dans une taverne. Voilà un trait de mœurs qui
peint bien l'Angleterre.

Et pourtant là n'est pas encore ce que j'ai
vu de plus curieux et de plus caractéristique à
Londres, en fait de tavernes. J'en ai vu une, à
deux pas de mon hôtel, où l'on parodie tous les
soirs les formes de la justice anglaise, renommée entre toutes pour ses complications et sa
lenteur prodigieuses, dont Dickens a tracé le
comique et navrant tableau dans son roman de
Bleak-House. On sait l'histoire de ce procureur
anglais qui avait donné en dot à son fils une
demi-douzaine d'affaires contentieuses, dont il
était chargé depuis longtemps. Un an après,
celui-ci revient le voir, tout joyeux :

« — Eh bien! lui demande l'excellent procureur, comment vont les affaires?

» — A merveille, mon père. Je les ai terminées toutes à la satisfaction de mes clients.

» — Terminées! Comment, terminées! Des
affaires qui étaient dans la famille depuis
soixante ans, de père en fils, et sur lesquelles
je comptais pour faire vivre mon petit-fils après

vous ! Vous êtes fou ! Allez, vous ne serez jamais un homme de loi. »

Le peuple anglais sait tous les défauts de la justice nationale, et il aime à en rire, bien qu'il la respecte au fond. Quelques tavernes donnent chaque soir, sous le titre de *Juge and jury*, une caricature très-ressemblante de la magistrature britannique. Le fond de la salle est occupé par une estrade, à laquelle s'installent le lord chancelier avec les deux juges et l'attorney général, tous en robes et en grandes perruques à manteaux. On amène l'accusé, — le plus souvent quelque vieille Irlandaise, surprise en flagrant délit de mendicité ou de vagabondage, — et les débats commencent dans toutes les formes. Chacun copie le son de voix, les gestes et les *tics* des magistrats. Tout se passe avec la gravité la plus bouffonne ; les réquisitoires, les plaidoiries, l'interrogatoire de l'accusé, les réflexions du président, sont mêlés de jeux de mots intraduisibles et de coqs à l'âne qui doivent être fort drôles, à en juger par l'hilarité de l'assistance. Malheureusement je n'en ai pu comprendre une syllabe, et après une demi-heure d'efforts aussi stériles qu'acharnés pour m'associer aux jouissances de mes voisins, j'ai dû quitter la place fort décontenancé.

Cette satire aristophanesque ne serait assurément pas tolérée en France. Mais en Angleterre, où le culte de la tradition s'allie à une liberté entière, c'est la chose la plus simple du monde. Parfois, au lieu d'une vieille Irlandaise, c'est un grand personnage politique qu'on fait comparaître en jugement. Mais que le peuple rencontre lord Derby ou lord Granville, au sortir de la séance où il vient d'être condamné, avec accompagnement de sifflets, aux peines les plus infamantes, et il s'empresse de le saluer jusqu'à terre.

Si j'en avais encore le temps et la place, j'aimerais à vous introduire aussi dans le sein de la fameuse *Société des beafsteacks*, dont la salle est construite, comme l'Escurial, sur le modèle du gril de saint Laurent, et qui a pris pour devise ces mots gravés sur tous les murs : *Beef and Liberty!* — Bœuf et Liberté! Toute l'Angleterre est là. Le bœuf passe en première ligne, au moins dans les statuts de la société. Chaque membre de l'association porte, en guise de signe de ralliement, un petit gril à la boutonnière, et l'on n'y mange absolument que des beafsteacks, mais ce sont les premiers beafsteacks du monde.

Malgré tant de belles choses et les efforts les plus consciencieux pour m'y intéresser, il faut bien avouer au lecteur que je ne suis point venu à bout de conjurer le spleen qui se dégage des brouillards et de la fumée de Londres. Après quinze jours de persévérance, j'éprouve d'une façon tellement irrésistible la nostalgie du soleil et du boulevard que je renonce à une excursion projetée en Écosse pour rentrer précipitamment à Paris. Ce matin, afin de m'achever, le ciel de Londres a voulu me donner la représentation d'une journée du mois de novembre. Un brouillard assez épais pour qu'il semblât littéralement possible de le couper au couteau, enveloppait toute la ville d'un crêpe de deuil. La pluie tombait à torrents, sans se presser, avec la tranquillité flegmatique d'une personne qui s'installe chez elle et qui n'a pas du tout envie de s'en aller. Par les rues on voyait circuler des ombres indécises dont les contours s'estompaient vaguement dans la brume. Il était onze heures du matin, et tous les magasins avaient allumé leurs becs de gaz. Tout à coup le ciel gris et terne prit une teinte embrasée, comme sous la réverbération d'un immense incendie. Un dôme de couleur orangée, obscur et lumineux à la fois, lugubre, sinistre, pareil à celui qui dut passer sur Sodome et Gomorrhe au moment de la pluie de feu, s'étendit sur Londres, produit par le mélange des vapeurs et de la fumée. Des flocons de matières charbonneuses voltigeaient, alourdis et éteints comme par l'interposition d'une épaisse couche de ouate.

Décidément, j'avais mal choisi le but de mon excursion pour me guérir de ma fatigue et de mon ennui. Ce n'est pas à Londres qu'il faut venir pour prendre des idées riantes, ni pour s'alléger le cerveau.

Je n'ai pu y tenir davantage et suis précipitamment rentré à l'hôtel pour y faire mes paquets. Adieu donc, cité noire, sombre amas d'usines, de brasseries, d'entrepôts et de chemins de fer; énorme entassement de tuiles et de briques, forêt de pierres, ville de bruit et de brouillard, de boue et de fumée, paradis de la houille, empire du roastbeaf, Eldorado de la bière et du gin, Babel de l'ennui, capitale du spleen! Rues longues d'un mille, docks longs de trois lieues, cheminées hautes de cent mètres, Tamise bourbeuse, tapageuse et puante, interminable désert de quatre millions d'hommes, *bœuf et liberté*, adieu! Je garde dans mon imagination consternée le souvenir pénible de tes maisons encrassées de suie, de tes squares pelés, de tes parcs fatigants, de tes rues tristes, de ta foule pesante et morne, de ton fleuve méphitique, bordé de quais sombres et recouvert de ponts démesurés, de ton atmosphère épaisse et de ton ciel de plomb, enfin l'impression d'énormité lugubre, d'entassement sans fin qui étouffe et serre le cœur du touriste encerclé dans ce Léviathan des villes comme Jonas dans le ventre de la baleine. Je suis bien aise de t'avoir vu, sans doute, mais pour le moment, je serai plus aise encore de ne plus te voir!

A TRAVERS L'ALLEMAGNE

ET

L'AUTRICHE-HONGRIE

A TRAVERS L'ALLEMAGNE

ET

L'AUTRICHE-HONGRIE

NOTES SOMMAIRES D'UN CHRONIQUEUR

I

Grandeur et décadence de Bade.

En me rendant à l'exposition de Vienne, j'ai voulu faire une pointe à Bade, bien déserté par la chronique cette année. Je souhaitais comparer le Bade d'aujourd'hui au Bade d'autrefois. Hélas! hélas! *quantùm mutatus ab illo!* Si l'on n'y retrouvait toujours la Trinkhalle, la Maison de conversation et les allées garnies de boutiques, la musique à trois heures dans le pavillon du Kursaal, le vieux château avec son admirable vue sur la vallée du Rhin, la Forêt Noire, les ombrages, les fleurs, les eaux et les montagnes qui font de ce délicieux coin de terre un des paradis de la création, on ne pourrait se croire dans la même ville.

Les hôtels sont à demi déserts; l'herbe pousse dans l'allée de Lichtenthal; la *Restauration*, où se firent jadis tant de joyeuses folies et qui retentissait si galamment du bruit des verres et des assiettes, a les mornes aspects d'un restaurant de sous-préfecture. Autour du pavillon où l'orchestre de Herr Kœnnemann jouait l'ouverture du *Domino noir*, celle du *Fernand Cortez* de Spontini, le trio et le finale du *Postillon de Lonjumeau*, une douzaine de promeneurs erraient mélancoliquement, pareils aux ombres des champs Élysées de Virgile.

J'ai interrogé quelques marchands de la grande allée, — de ceux dont les boutiques sont garnies de si jolis objets de luxe, cristaux et verres de Bohême, éventails, bijoux, bouquets, objets de fantaisie, articles de Paris, cigares et cigarettes confectionnées avec tous les tabacs du monde : ils se plaignent avec amertume de ne plus faire leurs frais. Les garçons du café-restaurant portent toujours l'habit noir et la cravate blanche qui leur donnent l'austère et digne physionomie de notaires de province, mais ils intriguent pour se faire engager à Monaco.

Un détail caractéristique, c'est l'air humble des cochers. Du haut de leurs siéges, ils saluent le passant avec une politesse qui dit bien des choses. Il n'est pas jusqu'au *Badeblatt*, — la feuille locale publiant chaque jour la liste offi- cielle des étrangers, — qui n'ait souffert dans ses intérêts autant que dans son amour-propre : le tirage de ce journal, que chaque touriste achetait sous les arbres de la promenade, dimi- nue dans les mêmes proportions que la lon- gueur de ses listes.

Ce n'était guère, il est vrai, avant le 15 juillet que commençait à Bade la saison proprement dite, et le mois d'août était le plus brillant de toute l'année. Mais il est facile de rapprocher, à l'aide des listes quotidiennes, les totaux des dernières saisons à la même date. Au 8 juillet 1873, je trouve un chiffre de 11 464 personnes ; le 8 juillet 1870, au moment de la déclaration de guerre, il y en avait 17 929, et en 1872, dernière saison du jeu, 17 561. C'est donc une différence de plus de 6 000. Cette différence deviendra bien autrement sensible encore à la fin de la saison, et c'est tout au plus si Bade atteindra la moitié des 45 à 48 000 clients qu'il a réunis dans ses grandes années.

Toute la partie qui manque à l'appel était justement la plus riche, la plus prodigue, —

celle qui, au lieu de passer un jour ou une semaine, s'établissait pour un mois sur les bords
de l'Oos, et faisait couler le Pactole dans cet
Eden cosmopolite. Les 6 000 absents valaient
plus à eux seuls, — je ne dis pas *mieux*, — que
les 11 000 autres.

Deux éléments font défaut au Bade actuel :
l'élément joueur et l'élément français. Plus de
roulette, partant plus d'Anglais ni de Russes !
Les eaux n'étaient qu'un prétexte, depuis longtemps oublié. Qui donc songeait à prendre sérieusement les eaux à Bade? On n'y prenait
que des numéros. Il n'y avait pas d'endroit au
monde où l'on causât moins qu'à la maison de
Conversation. Aujourd'hui, ce palais désert fait
payer 18 kreutzers d'entrée par jour, et moyennant cette misérable somme, octroie à qui veut
la jouissance, qu'on ne se dispute pas, de ses
lambris dorés, de ses concerts et de son cabinet
de lecture. J'y ai rencontré deux ou trois
groupes de maniaques, faisant du matin au soir
un écarté ou une bouillotte à vingt-cinq centimes la fiche, comme dans la partie classique
chez le percepteur : une douzaine de désœuvrés
se tenaient pieusement en cercle autour d'eux.
Depuis que le *moulin* ne tourne plus, comme
disent les employés de la *Restauration* dans
leur langage pittoresque, la naïade des sources

pleure sur son urne abandonnée et implore en
vain du regard ces clients de passage qui venaient tremper leurs lèvres dans son verre pour
se faire accroire à eux-mêmes qu'ils suivaient
un régime, et mêlaient dans leur estomac les
eaux de l'Ursprung aux flots mousseux de la
veuve Clicquot. C'est pitié de voir les buveurs
mornes qui se succèdent de loin en loin autour
de la colonne centrale de la vieille Trinkhalle
et que suffirait à servir vingt fois la jeune fille
préposée au service. Mais, peu à peu, à mesure
que s'effaceront les souvenirs de rouge et noire
et de trente et quarante, peut-être finira-t-on
par s'apercevoir que les eaux de Bade n'étaient
pas faites pour remplir ce rôle de victimes, et
qu'elles sont souveraines contre les rhuma-
tismes articulaires.

On voudrait pouvoir attribuer à la seule dé-
sertion des Français la décadence de Bade; mais
la vérité, plus forte encore que le patriotisme,
nous force d'en reconnaître la première raison
dans l'abolition des jeux. Toutefois, l'absence
des Français à Bade depuis la guerre est un fait
persistant, qui a sa signification et son impor-
tance. Bade, on peut le dire, était surtout une
ville française. Les manières, le ton, le langage
du boulevard y dominaient. C'était aussi une
sorte de maison d'été pour les Strasbourgeois

riches, comme Strasbourg était une résidence d'hiver pour beaucoup de Badois. Toutes ces relations de bon voisinage ont absolument cessé.

Pour apprécier tout ce que Bade a perdu en perdant l'élément français, il ne suffirait nullement de comparer les chiffres de 1870 à ceux de 1872, que j'ai donnés plus haut, car en 1872 la fin des jeux avait attiré un redoublement de clientèle spéciale, où l'Angleterre, la Russie et l'Amérique avaient fourni leur ban et leur arrière-ban. C'est, du reste, un double fait également patent, que l'affluence des Français autrefois et leur absence aujourd'hui à Bade. Dans la liste quotidienne que j'ai sous les yeux, sur 194 voyageurs, je trouve 3 Français, — pas un de plus, — et encore de ces trois personnes, il en est deux qui s'appellent Bissinger et Henricksen, ce qui permet de croire à quelque bévue ou à quelque usurpation de titre.

Il est vrai que mon hôtelier badois prétend, en clignant de l'œil, que certains visiteurs français, qui n'ont pas la force de s'abstenir, tout en ayant la pudeur de se cacher, se font passer pour Belges. Je me permets de n'en rien croire. Il est aussi difficile à un Français pur sang de se présenter comme Belge, qu'à un Belge de se donner comme Français. Les deux peuples ne se ressemblent pas plus que la mousse du

champagne et celle du faro. Or, c'est maintenant le champagne qui manque le plus à Bade.
Elle est en train de devenir une ville à bière,
comme n'importe quel nid à garnison prussienne. L'Allemagne fournit les trois quarts
des clients actuels de Bade. Sur les 194 noms
de la liste du jour, il y a 120 Allemands, sans
compter ceux dont la nationalité n'est pas dési-
gnée. Triste clientèle pour une ville d'eaux
qu'une clientèle allemande : demandez-en des
nouvelles à Bade, comme à Ems, à Wiesbaden
et à Hombourg. La fourmi n'est pas prêteuse,
c'est là son moindre défaut. L'Allemand boit
des tonnes de bière, mange des montagnes de
bœuf aux confitures, fume des cigares d'un sou
et donne magnifiquement deux kreutzers de
pourboire au garçon, qui cause avec lui parce
que c'est son compatriote, mais le méprise
parce qu'il est pingre.

II

Tout en brûlant un grand nombre d'étapes
afin d'arriver plus vite à Vienne, arrêtons-nous
cependant quelques minutes à Heidelberg, non
pour vous y montrer au clair de lune les ruines
fantastiques de ce merveilleux château qui n'a
d'autres torts que d'avoir été trop souvent décrit
et d'être trop infesté d'Allemands; non pour y
chercher les souvenirs de la Palatine, et la défendre, à l'aide des nombreux portraits de cette
princesse qui figurent dans le musée peu connu
du château, contre une réputation de laideur
qui me paraît excessive et dont elle ne prit aucun soin de se défendre elle-même; non pas
davantage pour vous conduire au fameux ton-

neau gigantesque, monumental, cyclopéen, admiration traditionnelle du badaud, qui jauge 194 500 litres, et sur lequel on a établi une plateforme qui peut servir de salle de bal; mais pour vous présenter messieurs les étudiants de l'ancienne capitale du Palatinat.

J'avais connu à Paris, l'hiver précédent, un jeune nourrisson de l'Université de Heidelberg, qui m'avait invité à l'aller voir. Je le trouvai dans sa chambre de la Haupt-Strasse, coiffé d'une casquette blanche immaculée et plongé dans une conversation intime avec un grand et vigoureux gaillard qui portait une casquette rouge d'une forme analogue à celle de nos anciens conducteurs d'omnibus. C'est par la couleur des casquettes que se distinguent les diverses corporations de l'Université. Le rouge est l'apanage de la Saxo-Borussia, la plus puissante de toutes. Il y en a aussi de vertes ou de jaunes.

L'étudiant tapageur porte crânement sa casquette sur l'oreille. L'étudiant coquet se coiffe volontiers d'une espèce de petit plat brodé qu'il pose sur le haut de la tête, à la façon des chapeaux microscopiques que les dames juchaient autrefois sur leurs chignons, et dont il laisse pendre négligemment le cordon sur sa nuque. Rien n'est plus drôle à voir qu'un jeune

colosse germanique arpentant la rue à grands
pas avec cet ornement féminin sur le crâne. En
voyant ces élégants plateaux brodés d'or et
d'argent à la vitrine des marchands de Heidelberg, je les avais d'abord pris pour des ornements de cheminée, des dessous de chande-
lier ou de carafe.

Mon nouvel ami me présenta à son camarade
le Saxo-Borussien. Quand celui-ci se tourna
vers moi, j'aperçus avec épouvante une face
tailladée de plus de blessures que n'en reçut
jamais le maréchal de Rantzau. Une première
balafre sillonnait le front dans le sens horizon-
tal; deux autres se tenaient à cheval sur le
sourcil gauche et y formaient une sorte d'accent
circonflexe; une quatrième atteignait le menton.
Le bout du nez était emporté, et l'on distinguait
sur les joues des traces embrouillées d'une
demi-douzaine de piqûres informes.

Dès qu'il eut pris congé, je laissai éclater tout
mon étonnement.

« C'est l'étudiant le plus célèbre de l'Université de Heidelberg, me dit mon hôte avec orgueil. Il en est à son vingt-troisième duel, et il
arrange le vingt-quatrième pour demain. »

Il s'étendit alors en confidences sur les mœurs
batailleuses des étudiants. Chaque corporation
a son champion favori, et le degré d'influence

se mesure au nombre des duels. On ne compte
point dans l'Université de Heidelberg tant qu'on
n'y a pas donné ou reçu quelques bons coups
d'épée. Cette tradition, déjà ancienne, comme
on sait, se conserve fidèlement. Les étudiants
se battent tout plastronnés et recouverts de
masques, mais où ils ont soin de pratiquer des
trous, afin de pouvoir se taillader à l'aise, sans
se frapper de coups mortels. Ces balafres sont les
chevrons qui attestent à tout venant les états
de service de celui qui les porte. Il s'en pare
comme d'une décoration. Ce sont ses palmes
universitaires.

Après déjeuner, nous allâmes nous promener
jusqu'à la maison champêtre, située à mi-côte,
un peu en dehors de la ville, où se donnent les
rendez-vous de la jeunesse de Heidelberg. Il y
a là une grande chambre arrangée en salle
d'armes, et tout se passe en règle, avec la permission, ou du moins avec la tolérance des au-
torités. C'est là aussi que l'on plume les canards.
Nous y rencontrâmes notre Saxo-Borussien,
venu pour les préparatifs de son affaire du lendemain. Il voulut bien déplorer que mon départ
m'empêchât d'assister à cette petite fête, et
m'offrit obligeamment de l'avancer de vingt-
quatre heures, ou d'arranger une autre partie
dans l'après-midi. C'était l'affaire d'un mo-

ment : le temps seulement de retourner à la ville et de marcher sur le pied d'un Bavarois, de lui dire le mot classique qui équivaut à une invitation en règle et dont nul étudiant n'oserait méconnaître la signification. Il insistait, protestant que cela ne le dérangerait point du tout, que ce n'était pas la peine d'en parler, et que ce divertissement me ferait toujours « passer une heure ou deux ». J'ai cru devoir refuser jusqu'au bout ces offres obligeantes, et je suis sûr d'avoir été méprisé comme un *philistin* par le belliqueux *student*.

Vous me pardonnerez aisément de ne vous rien dire de Stuttgard, et de vous dire peu de chose d'Ulm. A Stuttgard, j'ai remarqué une gare monumentale, qui laisse bien loin derrière elle nos gares de l'Est et du Nord. Ulm ne mériterait pas qu'on descendît de wagon en son honneur sans sa merveilleuse cathédrale. Ses maisons en briques sont aussi vieilles que celles d'Augsbourg, mais d'une vétusté sale et pauvre, dénuée de tout attrait artistique. Seulement, si Ulm a des maisons qui tombent en ruines, on lui a fait une citadelle toute neuve et on lui brode une jolie ceinture de forts dont ses habitants sont aussi fiers que s'ils étaient Prussiens.

En m'arrêtant à Ulm, je n'ai pas oublié d'aller porter ma prière aux tombes de nos soldats

morts en captivité! Tout au bout du cimetière
de la ville, dans un coin isolé, à quelques
cents pas de la Maison des morts, où un cadavre attendait, couché à découvert sur une
table oblongue, qu'on le clouât dans sa bière
pour le porter au dernier asile, 352 croix de bois
noirci s'alignent sur huit ou dix rangs pressés.
Le petit bras de l'une de ces croix s'arrondit en
croissant : c'est celle d'un turco. Toutes les
autres se ressemblent, dans leur extrême simplicité, et chacune porte les noms du défunt, le
numéro de son régiment et la date de sa mort.
A cinq ou six d'entre elles sont accrochées des
couronnes, pieux souvenirs de quelques familles d'Ulm qui s'étaient intéressées à ces braves gens, ou peut-être de la famille de France,
venue en pèlerinage au tombeau du cher
mort.

Au centre s'élève sur un piédestal un petit
monument de marbre noir surmonté d'une croix,
avec cette inscription : A *la mémoire des 352
soldats français, décédés à Ulm en 1870-1871.
Érigé par leurs compatriotes et par les soins
du R. P. Joseph, aumônier.* Et au revers, ces
simples mots : « Dieu, faites miséricorde à ces
enfants de la France, morts loin de leur patrie! »

J'ai senti mes yeux se mouiller de larmes, et

je suis sorti en répétant cette prière si éloquente en sa brièveté.

« Dieu, faites miséricorde à ces pauvres enfants de la France, morts loin de leur patrie! »

III

AUGSBOURG

Les Fugger. — Un déjeûner au café Musbeck.

Il y a peu de villes en Allemagne qui rappellent plus de souvenirs qu'Augsbourg, peu aussi qui aient mieux gardé la physionomie du passé. Il faudrait aller à Nuremberg pour voir une collection plus complète de maisons gothiques à créneaux, à tourelles, à pignons sculptés, à fenêtres bombées, à étages surplombants, à frontons triangulaires taillés en escaliers. On s'y croirait transporté d'un coup de baguette en plein moyen âge, — ou plutôt en pleine Renaissance, car c'est au xvi⁰ siècle que se rattachent les plus grands souvenirs d'Augsbourg,

14.

et l'on trouve mainte réminiscence de l'art méridional dans les belles fontaines mythologiques qui décorent ses places publiques, et dans ses maisons, où l'immense pignon en façade se marie à la corniche italienne, quelquefois à la colonnade, et même à la fresque.

Augsbourg, que les amateurs forcenés de sobriquets appellent, de loin en loin, la Venise allemande, à cause de l'abondance des eaux qui la traversent et qui l'entourent dans sa partie septentrionale, a éprouvé aussi l'ambition de ressembler par un autre côté à la ville des doges, et les Augsbourgeois parlent avec orgueil de l'architecte Élie Holl, à qui ils doivent leur Hôtel de ville, leur arsenal, une de leurs églises, beaucoup de leurs maisons, et qui était allé ravir à Venise le secret de l'art des Palladio et des San-Micheli.

Ce fut jadis une ville illustre et puissante. Elle était à la fois cité impériale et évêché souverain. Quand les empereurs y faisaient leur entrée solennelle, elle les recevait au son de ses trois cents cloches. On sait le rôle qu'elle joua dans l'histoire de la Réforme et des guerres de religion. Ses marchands, ses industriels et ses banquiers comptaient parmi les premiers du monde. Ses bourgeois s'alliaient aux familles princières. A un siècle de distance, la légende de la belle Agnès Bernauër, la fille du barbier, épousée par le duc Albert de Bavière, et jetée dans le Danube comme coupable d'avoir séduit, par ses sortiléges, le cœur du jeune prince, devait avoir un pendant moins tragique, dans le mariage de Philippine Welser avec l'archiduc Ferdinand d'Autriche, fils de l'empereur. Les tisserands d'Augsbourg, dont le travail était la gloire et la richesse de la ville, formaient une corporation puissante, et leurs bannières rouge et or, décorées d'orgueilleuses devises, figuraient au premier rang dans toutes les cérémonies publiques. Ils s'arrogeaient le droit de porter l'épée, comme des chevaliers. Quand Charles-Quint vit le trésor royal de Paris : « Tout cela, dit-il en souriant à ceux qui avaient pensé l'éblouir, pourrait être acquis par un tisserand d'Augsbourg. » C'est d'un tisserand, en effet, que descendaient les Fugger, ces Rothschild du xvie siècle, anoblis par Maximilien, qui leur accorda le droit de battre monnaie, comme des souverains.

Guidé par un sommelier solennel, je suis allé voir, dans l'hôtel des Trois-Maures, la salle où Antoine Fugger le Riche reçut Charles-Quint à dîner et, au dessert, alluma dans la cheminée un fagot de cannelle avec une reconnaissance d'un million de florins que lui avait souscrite l'empereur : « Sire, lui dit-il, je me tiens pour suffisamment payé par l'honneur que vous m'avez fait de dîner chez moi. » La chambre, au deuxième étage, a gardé ses fenêtres aux carreaux étroits, qui donnent sur la cour, son plafond en bois de cèdre, et sa cheminée historique. Les visiteurs contemplent, avec la vénération qu'elle mérite, une cheminée où un million de florins ont flambé comme un simple morceau de papier, et l'auguste sommelier, dans un moment d'expansion, m'a avoué qu'il avait plus d'une fois cherché une parcelle du trésor dans la cendre du foyer éteint depuis des siècles.

On ne voit pas que cet acte de générosité chevaleresque ait ruiné Antoine Fugger : l'empereur trouva moyen de l'en dédommager. Il ne lui paya pas le million de florins qu'il lui devait, mais il lui accorda d'exploiter les mines de mercure et d'argent d'Almaden, de Guadalcanal et du Tyrol. Antoine Fugger, d'ailleurs, fit toujours le plus noble usage de sa fortune. Ce banquier, petit-fils d'un tisserand, avait l'âme d'un prince et d'un Mécène. Il fondait des hôpitaux, rassemblait une des plus riches bibliothèques d'Allemagne, payait au Titien 3ooo couronnes pour des travaux qu'il était venu exécuter à Augsbourg, correspondait avec Érasme et lui envoyait de riches cadeaux.

Son oncle Ulrich, helléniste distingué, grand
amateur de manuscrits rares, hébreux, grecs et
latins, avait été le protecteur d'Henri Estienne;
son grand-père et ses grands-oncles avaient
fondé un asile pour les malades étrangers, et fait
bâtir toute une petite ville dans la ville, — cent
six maisons, composant un quartier fermé de
quatre portes, — pour louer chaque logement
au prix de deux florins par année à de pauvres
familles catholiques. Un de ses neveux faisait
daller à ses frais la route qu'il devait suivre le
jour de son mariage, en conduisant sa jeune
femme à l'église. C'est un conte de fées que l'histoire de cette dynastie, la plus puissante, la plus
riche et la plus nombreuse qu'on ait jamais vue
dans les annales de la finance.

A quelques pas de l'hôtel des Trois-Maures,
qui garde également, mais avec moins de respect, les traces du passage de Napoléon Ier et du
séjour de la reine Hortense en compagnie de
l'enfant destiné à devenir plus tard Napoléon III,
la Fuggerhaus étale sur sa façade une longue
série de singulières fresques exécutées par Ferdinand Wagner : elles sont âgées de dix ans à
peine, et déjà elles portent les atteintes du ciel
germanique. Le soleil, le vent, la pluie et la
neige n'en feront qu'un petit nombre de bouchées,
et l'art ne saignera pas de cette perte.

Les Augsbourgeois vantent beaucoup la beauté de l'hôtel de ville, chef-d'œuvre d'Élias Holl, construit dans le style italien. Il faut singulièrement en rabattre. Sa façade est d'une assez pauvre physionomie. Mais il a les splendeurs de la Salle d'or, toute éblouissante de marbres blancs, rouges et bleus, de sculptures en bois et en pierre, de peintures et de dorures. Il a surtout, dans quatre pièces latérales, décorées de quelques tableaux curieux, des monuments d'un genre tout spécial et fort rare : ce sont des poêles gigantesques en faïence, d'une richesse d'invention et d'un style d'architecture, d'une élégance de fantaisie et d'un goût d'ornementation admirables, supportés par des animaux fabuleux et surmontés de groupes qui s'élèvent jusqu'au plafond. J'offre cette fois à Élias Holl tous mes compliments, si c'est à lui qu'on doit les dessins de ces fragiles chefs-d'œuvre, qui valent de longs poëmes, et qui étaient dignes de consumer le fameux billet d'un million de florins et d'en conserver la cendre.

Les poêles du *Rathhaus*, avec les fontaines des rues, les vieilles maisons qu'on rencontre çà et là, les grilles magnifiques qui ferment la nef de l'église Saint-Ulrich et Sainte-Afra, voilà les vrais monuments d'Augsbourg. L'air de gran-

deur qu'elle a gardé est plus dans sa physionomie générale que dans ses édifices. Elle a bien
la mine d'une capitale déchue; si le tableau a
disparu, le cadre est resté, et l'imagination y
évoque à l'aise les scènes historiques, les usages
et les figures du temps passé. Sans tous ces
souvenirs qui la peuplent et l'animent, Augsbourg ressemblerait à une ville déserte. C'est à
peine si j'ai entendu rouler une voiture et vu
passer quelques piétons nonchalants dans ses
rues silencieuses. On m'avait indiqué le café
Musbeck, dans la grande rue Maximilien,
comme le plus considérable de la ville. Je mis
plus de vingt minutes à le découvrir. Cinq ou
six fois de suite, j'avais passé devant sans parvenir à l'apercevoir, lorsqu'un bourgeois compatissant me guida enfin jusqu'au couloir par
où cet établissement communique avec la rue.

J'entrai dans une vaste salle solitaire où les
araignées tissent paisiblement leurs toiles dans
tous les coins. Un habitué sommeillait sur un
exemplaire de *l'Allgemeine Zeitung*, que nous
appelons en France la *Gazette d'Augsbourg*.
Un chat était pelotonné sur le comptoir, et, en
m'asseyant, je faillis en écraser un autre, *ron-
ronnant* près de la fenêtre, en animal qui se
croit bien sûr de n'être point dérangé. Mon entrée ne produisit pas la moindre sensation dans

cette Thébaïde. Après avoir frappé à diverses reprises sur la table de bois, je vis enfin, du fond de la salle obscure, s'avancer vers moi l'ombre vaguement étonnée d'une fille de service. Elle apportait d'elle-même un verre de la liqueur blonde dont la mousse débordait sous le couvercle d'étain :

« C'est très-bien, lui dis-je, mais maintenant *beefsteack mit kartoffeln.* »

— *Ia,* répondit le fantôme, en fixant sur moi, avec une curiosité moutonnière, le regard bleu-clair de ses yeux de faïence.

J'attendis un quart d'heure. Rien ne venait. Je frappai de nouveau. La fille apporta une deuxième choppe.

« Beefsteack ? » demandai-je.

— *Ia,* répondit-elle.

Un quart d'heure encore. J'interroge de rechef : « *Ia, ia* », répond-elle de loin, comme à un enfant dont on calme l'impatience par une promesse en l'air. Enfin, au bout de trois quarts d'heure, je fais mine de me fâcher : le fantôme épouvanté s'évanouit dans les profondeurs de la salle, et mes appels désespérés restent sans échos.

Cependant l'habitué avait ouvert un œil. Il jeta un coassement rauque, et une matrone aux formes opulentes se dirigea vers moi d'un pas

prudent et soupçonneux, comme vers un voyageur enragé, et se planta à cinq ou six pieds
de ma table, en point d'interrogation. En
voyant approcher cette respectable interlocutrice, je me hâtai de tirer de ma poche le *Guide
de la conversation en quatre langues*, par Bœdeker, afin de me mettre à la hauteur de la situation. Mais je ne sais si vous avez remarqué
le phénomène qui se produit invariablement en
pareil cas, lorsqu'on est pressé : on trouve absolument toutes les phrases dont on n'a aucun
besoin, jamais celle qu'on cherche : la façon de
demander en anglais, en italien et en allemand,
l'heure du départ des bateaux à vapeur, un
cure-dents, un tire-bottes, des rasoirs, du papier
à lettres, bref, des milliers de questions qui
vous sont inutiles et de réponses à des questions qu'on ne vous adresse jamais. C'est ce qui
ne manqua pas d'arriver encore, et tandis que
je feuilletais précipitamment le livre, la matrone
me regardait d'un œil de plus en plus fixe et
sévère. Heureusement l'obligeant habitué inter-
vint une fois de plus, et le dialogue suivant
s'établit par son intermédiaire entre l'hôtesse
et moi :

« Monsieur, l'hôtesse dit que ce n'est point
l'heure du dîner. Il faudrait revenir plus tard.

— Mais plus tard, je serai parti.

— Monsieur, l'hôtesse est bien fâchée, mais ce n'est pas le moment. Il n'y a pas encore de beefsteack à la cuisine, et le feu n'est pas allumé.

— Elle aurait dû me le dire il y a cinq quarts d'heure, et ne pas me faire perdre ainsi mon temps.

— Monsieur, l'hôtesse dit qu'il y a tout au plus une petite heure que vous attendez, et que vous n'avez pas perdu votre temps, puisque vous avez bu deux verres de bière.

— Oui, mais le train part dans vingt minutes, et je vais être obligé de voyager à jeun.

Ce simple cri du cœur toucha la vigoureuse matrone à l'endroit sensible. Il n'est pas de souffrances auxquelles un Allemand compatisse mieux qu'à celles de l'estomac, et j'ai toujours pensé qu'une des raisons qui assurèrent le succès de la Réforme dans ce pays, ce fut le coup porté par elle à l'institution du carême. Des pourparlers s'engagèrent et aboutirent à un compromis que j'acceptai avec un empressement famélique. Au lieu du beefsteack demandé, on m'apporta une omelette au jambon, et, quelques minutes plus tard, je roulais en paix sur le chemin de Munich.

IV

Voyage de découverte à la recherche des Vieux-catholiques.

A mon départ de Paris, lorsque j'étais déjà
installé dans mon *compartiment*, comme dit la
belle langue des chemins de fer, un ami, trom-
pant la surveillance des agents, vint me jeter
par la portière la recommandation suivante :

« Surtout, n'oubliez pas d'aller voir les Vieux-
catholiques à Munich. »

Je n'avais garde de commettre un pareil oubli. En arrivant à Munich, un samedi soir, ma
première préoccupation pour le lendemain ne
fut ni la Glyptothèque avec ses marbres d'É-
gine, ni l'ancienne Pinacothèque avec ses innombrables trésors, qu'il faudrait des semaines
entières pour examiner, même sommairement ;
ni les œuvres dont cette noble école de Munich,

stimulée, encouragée, fécondée par le bon roi
Louis, a semé la Résidence, la nouvelle Pinacothèque, la basilique de Saint-Boniface ou l'église
de Tous-les-Saints. Non, ce fut d'assister à la
messe des « Vieux-catholiques », dans l'église
qui leur a été concédée par le gouvernement, et
de constater de mes propres yeux le nombre et
le recueillement de leurs fidèles.

Le portier du vaste hôtel où j'étais descendu
parlait français comme feu M. Havin. Entre les
talents divers dont doit être gratifié tout portier
de grand hôtel, celui de polyglotte vient en première ligne. J'en ai vu vingt fois qui pratiquaient
couramment sept ou huit langues. En France,
avec un pareil bagage de connaissances, ils se
fussent présentés à l'Académie des inscriptions
et belles lettres; en Suisse et sur les bords du
Rhin, de l'Elbe ou du Danube, ces hommes modestes et pratiques se contentent d'être portiers.

Malgré l'étendue de son instruction, ce haut
fonctionnaire, interrogé par moi, n'avait jamais
ouï parler des Vieux-catholiques. Il confessa son
ignorance avec trouble, mais avec candeur, et
promit de m'envoyer le premier sommelier
dans ma chambre.

Le premier sommelier est un homme impor-
tant, digne, capable, plus instruit encore que le
portier. Celui de l'hôtel X... ressemble à un

membre distingué de la Chambre des lords. On
se sent intimidé en prenant la licence de lui
adresser la parole. Cet homme majestueux,
lorsque je lui demandai de vouloir bien m'indiquer l'église des Vieux-catholiques, me répondit
en daignant sourire :

— Oh! monsieur, nous en avons au moins une
douzaine.

— Une douzaine, à Munich?

— Parfaitement, monsieur. Munich est une
ville très-religieuse.

— Mais entendons-nous bien. Je ne vous
parle pas des catholiques, je vous parle des
Vieux-catholiques.

— Mon Dieu, monsieur, fit le premier sommelier, légèrement inquiet, c'est à Munich
comme partout : il y en a des vieux, et il y en a
des jeunes !

Cette réponse était faite pour clore l'entretien.
Je congédiai mon interlocuteur en lui apprenant
sommairement ce que c'est que les Vieux-catholiques et en l'engageant à exécuter des fouilles
parmi les garçons de l'hôtel, jusqu'à ce qu'il en
eût découvert un qui fût capable de me rensei-
gner.

Les quarts d'heure se passèrent, et j'allais
me mettre au lit, quand on frappa à ma porte.
C'était le propriétaire de l'hôtel en personne. Il

avait interrogé, il s'était enquis de son côté, et venait m'apprendre que l'église des Vieux-catholiques est située bien loin de là, sur les bords de l'Isar, qu'on y dit une messe le dimanche, à huit heures du matin, et qu'il m'y ferait conduire.

Avant huit heures, j'étais à la porte de la rue. Un commissionnaire avait été dépêché pour trouver un fiacre ou un droschken; il ne revenait pas : on m'expliqua que toutes les voitures de Munich étaient accaparées ce jour-là, à cause de la première messe d'un nouveau prêtre, ce qui est, dans la capitale de la Bavière, une cérémonie célébrée avec la plus grande pompe.

Enfin, le fiacre arrive. Le maître d'hôtel, le sommelier, le portier entourent le cocher et lui prodiguent les explications, auxquelles il répond par des signes de tête affirmatifs. La voiture se met en marche. Nous passons devant des statues, des colonnes, des casernes monumentales, des palais, que sais-je encore? A Munich on ne saurait faire dix pas sans découvrir tout autant de palais et de statues, — et au bout de cinq à six minutes, nous nous arrêtons devant un grand édifice, dont la façade est toute pavoisée de verdure. La foule endimanchée et les équipages y affluaient de toutes parts.

— *Alte Katholik?* dis-je à mon cocher.

— *Ia! ia!*

Je conserve des doutes et j'insiste en répétant ma question. Un triple *ia* ne me permet plus d'hésiter, et j'entre dans l'église avec une surprise voisine du saisissement.

Le temple doit être évidemment placé sous le vocable de Saint-Michel, car entre les deux portails de marbre rouge s'élève une statue en bronze de l'archange terrassant l'esprit rebelle. Une foule immense et recueillie se presse dans la nef, dont on a enlevé les bancs et les chaises, et où tout le monde se tient debout. A la distance où je me trouve, il est impossible d'apercevoir l'autel ; mais, en jouant des coudes avec adresse et persistance, en profitant des moindres interstices, en me faufilant de proche en proche, j'arrive laborieusement à gagner du terrain et à voir.

Le chœur, de proportions aussi vastes que le reste de l'église, déborde de fidèles des deux sexes, rangés dans les stalles et sur des siéges apportés tout exprès ; à chaque instant, on en voit entrer d'autres par les portes latérales. En avant des hommes, se tiennent d'innombrables rangées d'enfants ; tant dans le sanctuaire que sur des bancs sans dossier alignés près du chœur, je compte au moins cinq cents jeunes filles, depuis l'âge le plus tendre, toutes vê-

tùes de blanc, couronnées de roses et un bouquet à la main. La messe se célèbre en musique, avec la plus grande pompe. Autour de
moi, tout le monde prie avec ferveur. Je par-
viens à apercevoir le prêtre : il est jeune et n'a
point du tout la physionomie que mon imagination attribuait à un Vieux-catholique.

Au *Gloria in excelsis*, où les violons, les flûtes
et les cuivres de l'orchestre font merveille,
commence l'interminable défilé de l'offrande.
Quoiqu'il se fasse en partie double, il n'en dure
pas moins dix-huit minutes, montre en main.
La messe continue ensuite sans incidents nouveaux. Dès qu'elle est finie, le jeune prêtre
s'achemine vers la chaire. L'assistance entière
tombe à genoux, et le prêtre prononce solennellement sur elle les paroles de la bénédiction ;
puis, étendant les mains, il lui souhaite la paix :
Pax vobis! Une fanfare éclate, et la foule se
retire avec une émotion visible.

A la sortie de l'église, j'interroge encore quelques personnes, en m'appliquant à accentuer,
suivant toutes les règles de la prononciation allemande, pour qu'il n'y ait point d'équivoque
possible. Les unes ne comprennent pas, ce qui
m'humilie fort ; les autres me répondent par des
ja tellement catégoriques qu'il serait extrava-
gant de vouloir insister davantage.

J'entre, pour me rafraîchir, dans la grande brasserie Pschorre, qui fait vis-à-vis à l'église et qui est tout enguirlandée comme celle-ci. Deux petits arbres dans des pots à fleurs décorent l'entrée du couloir sombre qui mène aux salles, et qui est lui-même encombré de bancs et de buveurs. Cette brasserie est une cave. On boit sur les tonneaux, on boit sur ses genoux, on boit dans tous les coins, quand on ne trouve pas de place aux tables, toujours envahies. Chacun se sert soi-même. On prend son grand verre à couvercle, ou son pot de grès, auquel pend un numéro d'ordre; on le rince, on le porte au comptoir en disputant sa place aux douze à quinze personnes qui s'y pressent, on le fait remplir sous ses yeux en ne perdant pas le numéro de vue, de peur que le verre ne soit changé contre un autre moins soigneusement rincé, et après avoir passé 6 ou 8 kreutzers, on l'emporte à sa place, ou on le boit debout. Au milieu de la foule, les garçons brasseurs roulent des tonneaux qui, mis immédiatement en perce, sont épuisés d'un trait, avant qu'on ait eu le temps de refermer la cannelle. Tout cela, d'ailleurs, se fait tranquillement et presque en silence.

— Eh quoi! me disais-je en savourant la liqueur blonde, voilà les progrès qu'a faits le

Vieux-catholicisme! Il a à lui l'une des plus vastes églises de Munich, et cette église est pleine! Serait-ce donc vraiment, quoi qu'on en ait dit, un schisme sérieux qui commence?

J'en étais là de mes réflexions moroses, lorsque je me sentis frapper doucement sur l'épaule. Je me retournai, et vis devant moi l'honnête et souriante figure d'un Munichois de ma connaissance, que je devais aller voir le lendemain, — Bavarois de la vieille roche, bon catholique, aimant les Français, détestant la Prusse, ce qui n'est pas rare du tout par ici, les Juifs, les francs-maçons et leurs créatures, dont ils ont rempli l'administration de la ville; tout débordant d'histoires curieuses sur le roi Louis Ier, cet artiste couronné, dont la mémoire serait restée si belle, s'il n'avait eu le malheur de tomber en Lola-Montès, sur Overbeck, Schnorr, Hess, Schraudolph, Schwanthaler, Cornélius et Kaulbach.

— Ah! lui dis-je, vous tombez bien! Tirez-moi donc d'un doute. Quelle est cette église?

— C'est l'église Saint-Michel, bâtie à la fin du XVIe siècle par l'archevêque Wolgrang Miller.

— Et quelle est la cérémonie à laquelle j'assistais tout à l'heure?

— Probablement celle à laquelle je viens d'assister moi-même : la première messe d'un jeune

prêtre, ce que nous appelons ici *primitien*, —
les prémices. — C'est une grande fête à Munich.
Tous les fidèles recherchent comme une faveur
particulière la bénédiction d'un prêtre nouveau;
on sait toujours à quel moment et en quel lieu
il doit dire sa première messe, et on n'a garde
d'y manquer. Lui-même adresse des invitations
non-seulement à tous ses parents et amis,
mais aux amis de ses parents et aux parents de ses amis. Par une coutume touchante
et naïve, il choisit une fiancée, qui est la plus
petite fille de sa famille. Vous avez vu celle
d'aujourd'hui, — cette blondine de trois ans,
qui marchait si fièrement en tête du cortége,
avec un bouquet plus gros qu'elle. Il doit envoyer chercher en voiture chacun de ses invités.
L'offrande le dédommage de ses dépenses, qui
sont souvent considérables : elle est destinée à
couvrir ses frais d'établissement, et le plus
pauvre tient à honneur de déposer son *gulden*
dans le plateau. Après la messe, le jeune prêtre
a droit de donner à la foule la bénédiction apos-
tolique : pour une heure il est évêque, quitte à
n'être plus le lendemain qu'un simple curé de
village. Vous voyez que vous venez d'assister,
sans le savoir, à l'une des plus intéressantes
cérémonies de l'église catholique en Allemagne.

— Alors Saint-Michel n'est pas l'église des Vieux-catholiques?

Mon ami éclata de rire, en me regardant entre les deux yeux pour voir si je jouissais de la plénitude de mes facultés intellectuelles. Je lui contai mon histoire :

« Tout s'explique, fit-il. A votre hôtel, il y avait un érudit qui connaissait de nom les Vieux-catholiques et savait même que leur église est sur les bords de l'Isar. Mais le cocher, malgré toutes les explications de cet homme rare, qu'il a plus ou moins écoutées, n'a pu croire, du moment qu'on le prenait pour aller à l'église, que ce fût pour une autre église que celle-ci. Toutes les voitures étaient mises en réquisition depuis le matin pour Saint-Michel ; lui-même y avait déjà conduit vingt personnes : aller ailleurs ce jour-là, — et surtout à l'église des Vieux-catholiques dont je vous garantis qu'il n'a jamais entendu parler, — c'est une chose qui ne pouvait lui entrer dans la tête. Mais, puisqu'on en parle encore en France, et que vous êtes curieux de voir cela, je vais vous y conduire. »

Nous remontâmes en voiture. Dix minutes après, nous descendions en face du *Maximilianeum*, ce monument sans but, sans destination précise, qui clôt comme un décor la monumentale rue Maximilien. Nous tournons à droite, nous franchissons un petit pont, nous pénétrons dans une promenade publique, le Garteig, au fond de laquelle l'Isar coule en bouillonnant. Mon guide m'arrête près d'une chapelle délabrée, que surmonte un clocher mesquin, et me dit :

« Voilà Saint-Nicolas, la chapelle des Vieux-catholiques. »

Quoiqu'il fût à peine onze heures, l'église était entièrement vide et la grille de la nef déjà fermée. Je jetai un coup d'œil dans l'intérieur : on ne peut rien se figurer de plus misérable. Le dernier village a une église plus grande et mieux entretenue. A Saint-Nicolas touche un petit sanctuaire de la Vierge, objet de pèlerinage pour le peuple, et dont la fréquentation fait mieux ressortir encore par le contraste la solitude absolue de sa voisine.

Nous nous informâmes. Les bonnes gens d'abord interrogés par nous ne semblaient rien comprendre à nos questions. Il fallut recourir aux lumières d'une marchande de la promenade qui, ne bougeant jamais de là, pouvait voir régulièrement ce qui se passe dans l'église Saint-Nicolas. Elle nous apprit qu'on y dit deux messes basses chaque dimanche, et qu'on y prononce un sermon. Il y assiste invariablement

150 à 160 personnes, dont il faudrait défalquer les curieux et les passants. Dans la semaine, la messe n'y est jamais célébrée. Hélas! le Vieux-catholicisme a commencé par des prêtres qui se dispensaient trop aisément de dire leur messe et leur bréviaire. Le clergé Vieux-catholique de la capitale bavaroise se compose, pour le moment, de l'abbé Friedrich et l'abbé Hasler, qui suffisent amplement aux besoins du troupeau. Le chanoine Doëllinger, retiré sous sa tente, ne se montre point aux ouailles, pour la plupart, sans doute, gagnées par l'éclat de son nom.

Voilà où en est le Vieux-catholicisme dans la capitale de la Bavière, dans la ville même où il est éclos et d'où il a pris son vol!

A Vienne, c'est pis encore. Il a vécu là ce que vivent les roses, et son unique pasteur, l'abbé Anton, a dû, depuis assez longtemps déjà, fermer son magasin et mettre la clef sous le paillasson. L'abbé Anton était un prêtre émancipé, qui ne se bornait pas, au moment où naquit le Vieux-catholicisme, — très-jeune, comme on sait, — à ne plus dire sa messe ni son bréviaire, mais qui avait jeté son bonnet (carré) par-dessus les moulins. Il était mûr pour la réforme, et elle le trouva très-empressé. Malheureusement pour lui, une brochure indiscrète s'avisa de révéler sa situation sociale, qui n'était pas de celles dont on se vante dans le monde. L'abbé Anton fit un procès en diffamation à son accusateur; il le gagna devant les juges, mais le perdit si bien devant l'opinion, que le condamné fut immédiatement gracié par sentence impériale et royale, et qu'il ne resta à l'abbé Anton d'autre ressource que de congédier son troupeau et de se marier!

Le Vieux-catholicisme à Vienne ne s'est pas relevé du coup. Dans l'Allemagne du Sud, il n'a pas besoin d'un évêque, il n'a besoin que d'un fossoyeur.

V

A peine arrivé à Vienne, je viens, grâce à la munificence de la municipalité de Pesth, de faire, en compagnie de cinq cents personnes, — membres du jury de l'Exposition universelle, artistes et journalistes, — le voyage de la capitale de la Hongrie. En douze heures, le samedi 26 juillet, un bateau à vapeur, frété tout exprès, a fait franchir aux invités, entre les rives un peu monotones du Danube, les trente-sept milles allemands (le mille autrichien n'a pas tout à fait huit kilomètres) qui séparent les deux capitales. A la nuit tombante, nous débarquions sur les magnifiques quais de Pesth, — de Budapest, comme disent les Magyars, — au milieu des acclamations du peuple amassé en foule compacte sur notre passage; et le président de la commission hongroise, qui s'appelle Havas, quoiqu'il ne dirige aucune agence télégraphique, rendait un double hommage à la langue nationale et à la langue française en les associant dans son discours de bienvenue.

D'ailleurs, disons-le en passant, il suffit de voyager à l'étranger pour s'apercevoir que, malgré nos malheurs, le français n'est pas déchu de son empire. Si maintenant on affecte en Allemagne de l'exclure des régions officielles, si nous souffrons quelquefois de le voir rayer de certaines inscriptions courantes où il tenait jadis sa place, ailleurs on le dédommage bien de ces petits affronts. Nous l'avons retrouvé partout en Hongrie. Le menu du grand banquet qu'on nous a offert à Pesth était rédigé en magyar et en français. Un Brésilien a prononcé un discours, et ce discours était écrit en notre langue; un Japonais a remercié ses hôtes, et il a ajouté au texte primitif, conçu dans un idiome mou, caressant, féminin, dépourvu de consonnes et tout en voyelles chantantes, une traduction française. J'avais pour voisins de table un Espagnol, un Prussien, un Américain et un Suédois, et d'un bout à l'autre du repas, notre langue fut le lien commun qui les réunit.

Je me sens incapable de vous conter scrupuleusement en détail ces trois jours de promenades à travers les monuments les plus divers, depuis les fonderies de canons jusqu'aux musées de peinture, et depuis les abattoirs et les fabriques d'engrais jusqu'aux établissements thermaux. Cependant j'ai sous les yeux deux types héroïques, bien propres à me tracer mon devoir : le président de la commission, qui, par ces trente-cinq degrés de chaleur, dont les Brésiliens eux-mêmes se sentaient incommodés, nous a reçus avec tous les attributs de sa dignité, revêtu de fourrures dont l'épaisseur eût excité l'envie de plusieurs boyards, et le correspondant d'un journal belge, qui, pendant toute la durée des fêtes, a pris assez de notes pour rédiger un in-quarto. Sur le bateau, il prenait des notes ; à table il en prenait encore ; en voiture, il en prenait toujours. Il notait les discours, les toasts, les menus, comptait les brandebourgs des honweds, les plumets, les dolmans, les sabretaches des heiduques et des pandours, copiait les enseignes et retenait les garçons dans les cours pour leur demander des renseignements qu'il couchait par écrit. Une fois, en sortant de table, j'ai surpris, par la porte de l'office entr'ouverte, un monsieur en habit noir et en cravate blanche, le crayon en main, auprès du laveur de vaisselle; c'était le correspondant du journal belge qui prenait des notes !

Et moi aussi j'ai connu ce beau zèle, mais on en rabat avec les années. Je citerai pourtant, si le lecteur y tient, le menu du premier dîner qui nous a été offert à l'hôtel Ungaria :

Potage à la diplomate. — Hors-d'œuvre. — Fogas sauce rémoulade d'esturgeon garni à la russe. — Relevés. Filet de bœuf à la Godard. — Entrées. Poitrine de perdreaux en chaud-froid. Ragoût de volaille à la hongroise. — Rôts Poulard (*sic*) et canard à la broche. Salade. Compote. — Entremêts. Petits pois à la Parisienne. Pudding Victoria. Glaces, etc., etc.

Il est difficile de rien voir de plus civilisé. Le ragoût de volaille était dépourvu de couleur locale, mais le *fogas* est un mets national où les épices et le poivre de Hongrie jouent un rôle considérable.

La couleur locale est ce qui manque le plus à Pesth, ville neuve coulée dans le moule universel, dépourvue de monuments anciens et caractéristiques. Quand on a vu ses larges quais, bordés de bâtiments réguliers et presque imposants; son grand pont suspendu, qui a deux cent cinquante pas de plus que notre Pont-Neuf, et qui se continue par un tunnel

percé à travers la montagne de Bude ; la pré-
cieuse galerie de tableaux que lui a léguée le
comte Esterhazy, et qui peut se visiter avec intérêt, même après le Belvédère de Vienne ; son
Musée national, fondé au commencement de ce
siècle par le comte Szechenyi, enrichi à l'envi
par plusieurs magnats, et qui réunit, — dans
l'éternel bâtiment que vous voyez d'ici, avec son
péristyle de temple grec, — une bibliothèque,
une collection de médailles, une de monnaies,
des objets égyptiens, étrusques et romains, des
souvenirs historiques et un certain nombre de
tableaux, dont quelques-uns, dus à des artistes modernes et reproduisant les grandes
scènes de l'histoire nationale, sont d'un véritable intérêt, on a vu à peu près tout ce qui est
digne de mention.

La véritable beauté de Pesth, c'est sa position
merveilleuse sur les bords du Danube immense. De la terrasse du jardin royal, situé
sur les hauteurs de Bude, que les Allemands
appellent Ofen, on l'embrasse tout entière dans
sa variété et sa grandeur pittoresques. A vos
pieds s'étend la ville blanche de Pesth, couronnée par une douzaine de tours, de petits dômes
et de clochers, parmi lesquels se détachent
les deux clochers bulbeux de la synagogue ; au
oin, le fleuve que sillonnent de nombreux ba-

teaux, l'île d'O'Buda, presque remplie par de
magnifiques ateliers de constructions navales;
plus près, l'île de Marguerite, avec ses bosquets charmants, ses restaurants, ses cafés,
sa cascade et le beau dôme de son Kursaal; à
l'horizon, un cercle de montagnes aux lignes
ondoyantes et douces; sur un plan plus rap-
proché, le noir Bloksberg, dont la forteresse,
rasée par Gœrgey après la révolution de 1849,
a été rétablie sur un pied plus formidable encore, et semble prête à foudroyer en un instant
les magyars trop amoureux de leur indépen-
dance; puis Bude s'étageant sur les flancs des
hauteurs et venant se baigner les pieds dans
les flots bleus du Danube.

Ce qui donne à Pesth un caractère tout particulier, ce sont les enseignes. Cette langue magyare, avec ses mots sonores et compliqués,
a je ne sais quelle physionomie asiatique
qui fait rêver de l'Orient. Quelques particularités, à Pesth, rappellent encore, bien qu'ef-
facées aux trois quarts, l'antique descen-
dance de ce peuple, les souvenirs de la domination turque et la proximité des régions
orientales. J'ai vu passer par les ruelles de
Bude, devant de chétives cabanes, vestiges
de la vieille ville magyare, de grands chariots
traînés par des bœufs aux longues cornes et

recouverts de nattes de joncs, qui m'ont fait
songer aux compagnons d'Attila. La Redoute,
comme la synagogue, mais à un moindre degré,
offre des réminiscences du style mauresque;
l'église paroissiale est une ancienne mosquée
turque. Parmi les grands établissements de
bains qu'on nous a menés visiter comme les
principales curiosités de la ville, et qui réunissent dans leur immense enceinte une demi-
douzaine d'établissements divers, avec un luxe
et une commodité d'organisation dont nous
n'avons aucune idée en France, il y en a un
qui a été établi par le sultan Soliman, agrandi
par le pacha Mahmud aux dépens d'un cloître
de derviches voisins, et où se lit toujours une
inscription turque au-dessus du grand bassin
pour les pauvres. Il existe encore, à quelques
minutes de la ville, une petite mosquée octogone construite sur la tombe d'un illustre
santon, le scheick Gul-Baba, et où de dévots
musulmans viennent en pèlerinage quatre fois
par an, à l'époque des foires.

Au moment de terminer ce chapitre il me revient en mémoire une foule de choses dont je ne
vous ai point parlé : la réception de M. Joseph
de Szlavy, président du ministère hongrois, ac-
compagné d'un feu d'artifice et de l'illumination
du Blocksberg, la délicieuse promenade et le dé-

jeuner en plein air au *Thïergarten* (jardin
zoologique), où l'on devait nous donner le spectacle d'une *czarda*, danse nationale, insuffi-
samment remplacée par une avalanche de
toasts, dont quelques-uns prononcés d'un air
furieux par des messieurs à qui nous n'avions
pourtant rien fait, et tant d'autres choses qui
nous feront conserver à tous le long souvenir
de l'hospitalité plus qu'écossaise des Hongrois.
Le lundi soir, à onze heures, nous montions
dans un train spécial, et le mardi, à huit
heures, nous rentrions à Vienne, fatigués,
moulus et contents.

VI

Je ne sais plus au juste quel est le personnage qui, sous la Restauration, avait été surnommé l'*inévitable*. Je crois bien que c'est un
sieur Alissan de Chazet, d'ailleurs peu connu
dans l'histoire; mais quand on n'a pas son
Bouillet sous la main, il est difficile de faire de
l'érudition à coup sûr. Ce que je sais, par exemple, c'est que, toute révérence gardée, cet adjectif pourrait s'appliquer beaucoup plus justement à S. M. le shah de Perse. J'étais parti de
Paris la veille de son arrivée; il est arrivé à
Vienne le lendemain de mon retour de Pesth,
et, sans l'avoir une seule fois cherché, je viens
de le rencontrer pour la quatrième fois aujourd'hui.

C'est le samedi 1ᵉʳ août que le shah de Perse
a honoré de sa première visite l'Exposition internationale, qui, ce jour-là, a dû se dédommager largement des maigres recettes précédentes.
Depuis le Sud-Bahn, c'est-à-dire la gare du
Sud, jusqu'à l'entrée de la Welt-Austellung, —
sur un espace de près d'une lieue, dans la plus
grande étendue de la ville de Vienne, — les rues
étaient tapissées d'un triple et quadruple rang
de badauds. La veille, un Khan authentique,
coiffé du bonnet fourré légendaire, avait an-
noncé aux visiteurs du pavillon persan de
l'Exposition, la visite de son royal maître pour
le lendemain à midi. A midi un quart, celui-ci
entrait dans la grande allée du Prater, avec
son aigrette, ses lunettes et son sabre. L'exac-
titude est la politesse des shahs.

On avait fait d'ailleurs très-simplement les
choses. Aucun déploiement de troupes; à peine
quelques agents de la sûreté en grand costume
et quelques gendarmes à cheval. Le cortége a
défilé sans tambour ni trompette : en première
ligne, la voiture des archiducs Regnier et Er-
nest, avec les cochers à la livrée grise; au
deuxième rang, la voiture aux armes impériales, attelée de six chevaux, avec deux pos-
tillons à la livrée jaune. C'est là que se tenait
le Shah, ayant l'empereur d'Autriche à sa gau-

che, et pour vis-à-vis un autre archiduc, avec
un grand dignitaire persan dont je regrette
amèrement d'avoir oublié le nom. Venaient
ensuite, dans une dizaine de voitures, suivies
d'une file interminable de fiacres, les ministres,
les généraux, les interprètes, les chambellans
et les domestiques.

La presse de Vienne, — ce qu'on appelle *une
certaine presse*, qui rivalise avantageusement
avec la *certaine presse* de Paris, — avait fait au
Shah une entrée peu flatteuse. Le *Tagblatt*, la
Morgen-Post, d'autres encore, se sont amusés
à répandre sur son compte une foule d'anecdotes, non tirées de la *Morale en action*, qui n'é-
taient pas propres à le faire très-bien accueillir
de la population viennoise. Il y était parlé de la
manière dont il se comportait vis-à-vis les coussins et les tapis de son wagon réservé, et de
divers autres détails d'une nature plus intime
encore. Les choses en sont même venues à ce
point qu'il était question hier d'un procès en
diffamation intenté par le Shah, ou plutôt par
les personnes de son entourage compromises
dans ces vilaines historiettes. On ne le fera pas
sans doute, mais il me semble que la presse de
Vienne aurait pu, en cette circonstance, donner
l'exemple de plus de dignité et de tact. Malheureusement, les Juifs, qui l'ont accaparée pres-

que tout entière, ne sont pas gens délicats sur
les voies et moyens de succès : ils ne se contentent point d'en faire une machine à réclames et
une basse-cour à canards, ils y exploitent encore à l'envi le cancan scandaleux.

« S'ils ne respectent pas leur hôte, disait hier
Malcom-Khan à propos d'une de ces nouvelles
où se trouvaient mêlés quelques habitants de
Laxenburg (habité par le Shah), ils devraient au
moins avoir la pudeur de respecter leurs compatriotes. »

Autant que j'en ai pu juger, ces historiettes
ont produit leur effet sur la population. La curiosité publique ne s'accompagnait pas de courtoisie. Nuls vivats; à peine quelques fronts dé-
couverts. Mais le Shah a l'air d'un philosophe,
et cela lui semblait parfaitement indifférent.
J'ai surpris dans la foule plus d'une réflexion
désobligeante sur le compte du descendant
d'Artaxercès, et ces réflexions sentaient leur
Tagblatt à plein nez :

« Pourquoi ne l'ont-ils pas logé au *Hofburg*?
demandait à son voisin un bourgeois qui s'im-
patientait d'attendre.

— Croyez-vous que notre famille impériale
ait envie de l'avoir près de lui? On l'a mis le
plus loin possible, puisqu'on ne pouvait se dis-
penser de le recevoir. »

Pourtant le bourgeois de Vienne est un être doux, facile, pacifique et qui a encore le respect des têtes couronnées.

La voiture du Shah va s'arrêter devant le grand pavillon impérial et royal. Deux magnifiques chasseurs, coiffés de plumes blanches qui leur flottent jusqu'à la ceinture et portant des épaulettes d'or à graines d'épinards, comme des généraux de division, ouvrent la portière, et le Roi des rois, aidé par l'empereur, qui se tient à côté de lui, tête découverte, descend sur le tapis qui doit préserver ses augustes pieds de tout contact avec les planches vulgaires. Puis le cortége entre, au son d'un orchestre militaire qui joue l'air national persan, — en admettant que les Persans aient un air national.

Pendant une grande heure, la foule est restée massée devant le pavillon, regardant avidement ces murs derrière lesquels il se passait quelque chose. Il se passait un déjeuner, et ce déjeuner devait être bon, car le lendemain encore les garçons de tous les restaurants de l'Exposition ont répondu à leurs clients, lorsque ceux-ci se plaignaient de l'absence d'un plat favori :

— Que voulez-vous, monsieur? On nous a tout pris pour le Shah.

Le public se dédommage de cette longue attente en contemplant sous le vestibule les allées

et venues des domestiques de la cour, des bas
dignitaires persans, au type juif, à la physionomie intelligente et fine, et des garçons des
Frères Provençaux, occupés à la cuisine, d'où
ils viennent de temps en temps se montrer aux
populations en se donnant l'air inspiré. Enfin,
un mouvement se produit; une première voiture s'avance. Il y monte deux Persans : l'un
maigre, basané, les cheveux et la barbe noirs
comme de l'encre; l'autre gras, blanc, souriant
et fleuri comme une poésie de Saadi. Il tient
une boîte pleine de sucreries, politesse que le
Shah a voulu faire au dessert impérial, mais
qui devient le texte de nouvelles récriminations
de la part de quelques spectateurs :

« Pourvu qu'il n'emporte pas les couverts! »
me dit en français mon voisin, clignant de l'œil
d'un air d'intelligence à cette plaisanterie toute
gauloise. (Prononcez : *les gûferts.*)

Encore quelques minutes, et le Shah lui-
même apparaît, suivi de l'empereur. Il semble
légèrement ému, si j'ose m'exprimer ainsi, car,
à peine assis, il se lève et cherche avec anxiété
son manteau, sur lequel il est assis.

« Mais le voilà! lui dit l'empereur d'une voix
forte, toujours en français.

« Et le Shah se rassied, impassible, tandis

que la voiture se dirige vers la rotonde de l'Exposition, au milieu d'un silence persistant.

Il a passé le reste du jour à se promener à
travers les galeries ou le parc, d'abord en compagnie de l'empereur, des archiducs, des généraux, du maître des cérémonies de la cour,
puis en compagnie de ses seuls fonctionnaires.
Les tapis de l'exposition perse ont paru l'intéresser, ce qui est bien honnête de sa part. Il
s'est longuement reposé dans le délicieux pavillon préparé pour le recevoir, et il y a laissé
son aigrette de diamants et ses brochettes de
pierreries. Un peu plus tard, pendant son excursion dans le parc, il a remis son sabre à une
personne de sa suite. Enfin, vers sept heures,
je l'ai encore rencontré, aux alentours de l'orchestre de Strauss, se promenant toujours d'un
air résigné. Il devait être bien las, car il avait
ôté cette fois jusqu'à ses lunettes, et il semblait
avoir envie de s'asseoir, mais le grand vizir
s'est penché à son oreille et lui a dit quelque
chose. Peut-être lui a-t-il dit :

« Prenez garde, Sire, il en coûte un florin pour
chacun de ces fauteuils. »

En tout cas, le Shah ne s'est point assis.

Le lendemain dimanche, il y avait foule encore pour voir le Shah se rendre aux courses et
en revenir ; il n'y est pas allé, et s'est fait rem-

placer par ses dignitaires. Tandis que nombre
de badauds, pour qui tout bonnet fourré représente un shah, croyaient le saluer dans la
Haupt-allée du Prater, le monarque persan
s'abandonnait à Laxenburg aux délices de la
villégiature.

Je suis allé voir cette résidence impériale,
située à quatre lieues environ de Vienne, et
qui est un grand but d'excursions dominicales
pour les habitants de la capitale autrichienne.
C'est un vaste palais d'une architecture beaucoup plus pauvre encore que celle de Schœn-
brunn, mais dont le parc immense, dessiné à
l'anglaise, est une véritable merveille. Il y a
surtout un lac qui se resserre entre des rochers,
qui s'élargit tout à coup, qui passe sous un
pont gothique et vient entourer un château-
fort en style moyen-âge, dont les salles renferment d'innombrables curiosités historiques.
Le Shah a fait une promenade sur ce lac.
Aussitôt le public, que sa curiosité rendait féroce, s'est précipité sur toutes les barques, et
lancé à sa poursuite en faisant force de rames.
Un instant le souverain persan n'a point paru
tranquille : il semblait craindre que cette chasse
ne tournât au tragique et qu'il n'eût à repousser
un abordage, mais il s'est bientôt rassuré, et il
a daigné sourire en voyant les quelques plon-

geons, sans péril, qui résultèrent du zèle inexpérimenté de ses poursuivants.

J'ai eu l'honneur de faire le tour du lac et de gagner le Franzembourg dans le bateau même qui, l'avant-veille, avait transporté le Shah. En me racontant cette particularité, le batelier s'est plaint, non sans une certaine amertume, que ce royal client ne lui eût pas même donné un kreutzer :

« Quand votre empereur viendra en Perse, a-t-il fait répondre à une requête du pauvre homme et de ses camarades, c'est moi qui payerai ses bateliers. Pourquoi voulez-vous lu enlever le plaisir de payer les miens ? »

VII

La grande île formée par les bras du Danube
à l'est de Vienne est à la fois le Bois de Boulogne et les Champs-Élysées de la capitale autrichienne, une promenade élégante et un lieu de
divertissement populaire. L'Exposition, les chaleurs, et peut-être aussi la crise financière ont
mis en fuite la plus grande partie de la haute
société viennoise; mais, avant l'apparition de
ces trois fléaux, le défilé des cavaliers fringants
et des brillants équipages dans la Haupt-Allée
était chaque jour ce que sont à Paris le tour
du lac et à Londres les cavalcades de Hyde-
Park.

Il paraît qu'à certaines époques de l'année,
par exemple le lundi de Pâques et le 1ᵉʳ mai, le

spectacle de la grande Avenue, envahie tout
entière, entre deux rangs pressés de bourgeois,
par des voitures aux riches armoiries, que di-
rigent avec une dextérité et une rapidité pro-
verbiales des cochers revêtus de livrées éclatantes, tandis que des courriers les précédent et
que de nobles cavaliers caracolent aux portières,
offre un coup d'œil merveilleux et presque féerique. Mais, d'autre part, les brasseries, les restaurants, les bals et les spectacles populaires
remplissent la plus grande partie de l'immense
enceinte et font du Prater une perpétuelle Fête
des Loges.

Dans ce vaste champ de foire, aux magnifiques ombrages, il y a surtout un coin privi-
légié, où la grosse caisse fait rage et où tous les
genres de plaisir recherchés par la foule se sont
donné rendez-vous. Ce n'est pas de la Welt-
Austellung que je parle : on pourrait aisément
s'y tromper. Comme notre Exposition de 1867,
celle de Vienne, en effet, est tombée par la
force des choses dans le bazar et l'exhibition
foraine. On y fait de la musique en dix endroits
divers. Un des membres de la dynastie Strauss
y exécute ses valses ou celles de son père. Des
mougicks en blouses bleues y servent le caviar
aux badauds, tandis que de jeunes Suissesses de
Florian, des Italiennes aux couleurs voyantes,

des Styriennes coiffées en brigands calabrais, des nègres, des Turcs, des Japonais et tous les animaux civilisés de la création vous versent les boissons les plus variées et vous vendent les objets les moins authentiques, sans aucune garantie du gouvernement, à des prix qui ne sont pas plus contrôlés que leurs marchandises. Mais je veux parler de cette partie du Prater qu'on appelle le Wurstel-Prater.

Le théâtre des marionnettes a été le point de départ des spectacles populaires qui emplissent aujourd'hui cette portion de la grande promenade viennoise, et en font l'un des endroits les plus animés, les plus bruyants et les plus amusants qu'on puisse voir. Çà et là se dressent encore ces petits théatres portatifs, — un peu délaissés toutefois, — et je constate en passant non-seulement que les coups de bâton n'y sont pas moins prodigués qu'en France, à l'éternelle joie des enfants et du peuple, ce grand enfant, mais encore que là et dans les parades qui se jouent à droite ou à gauche, l'autorité, représentée par le gendarme ou le *policeman*, est invariablement rossée par les voleurs et tous les mauvais garnements avec qui elle a maille à partir.

La première fois que je tombai au beau milieu du Wurstel-Prater en sortant de l'Exposition

universelle, c'était vers huit heures du soir, —
moment propice où les feux s'allument, où la
musique redouble, où les *aboyeurs* font assaut
d'éloquence et où la foule afflue. Je fus un
moment étourdi par le tapage et la cohue, mais
je repris bien vite mes sens, et je visitai cons-
ciencieusement, l'une après l'autre, comme un
flâneur du Graben qui cherche à perdre agréa-
blement sa soirée, toutes les curiosités de
l'endroit.

Et il y en a, je vous assure ; il y en a à fatiguer
les jambes et les yeux ; il y en a à vider sa
bourse, bien que la plupart ne coûtent guère
qu'une dizaine de kreutzers par personne ! Je ne
vous décrirai pas la femme colosse, « la plus
agréable personne de son sexe, » à peine agée
de 18 printemps (toutes les femmes colosses ont
dix-huit ans), et pesant déjà 480 livres, ce qui
promet pour l'avenir ; les tableaux vivants,
bibliques et mythologiques, représentés par de
pauvres créatures maigres et jaunes, qui inspi-
rent ce sentiment particulier de compassion qu'on
éprouve devant un chien savant ; les deux jeunes
filles qui reproduisent le cas tératologique des
frères siamois ; les chevaux de bois perfectionnés,
c'est-à-dire changés en girafes, en cerfs, en lions,
en autruches, en éléphants ; les chemins de fer
qui roulent avec un tapage infernal ; le cirque des

vélocipèdes, les hippodromes, où tout billet
d'entrée donne droit à grimper et à tourner en
rond, par devant la galerie narquoise, sur un
des chevaux en chair et en os de l'établissement,
ni toutes les formes de la vulgaire balançoire,
déguisée ici en traîneau, là en gondole vénitienne
ou en bateau à vapeur, dont le roulis et le
tangage combinés finissent par donner le mal de
mer.

Un peu plus loin, l'aquarium convoque les
amateurs de la science pittoresque. Ailleurs, le
cirque Carré offre à ses habitués des exercices
vertigineux, entre autres un certain *steeple-
chase* à travers buissons, fondrières et obstacles
de tout genre, avec escaliers franchis au triple
galop, au son des fanfares et au milieu des
flammes de Bengale. Puis viennent les chanteurs
populaires, les anthropophages, les phénomènes,
veaux à deux têtes ou moutons à trois pieds, et
que sais-je encore?

Mais ce qui abonde surtout au Wurstel-
Prater, ce sont des cafés chantants, des restaurants et des brasseries à orchestre. La passion
du Viennois est d'aller le soir en famille dans un
jardin manger du veau rôti et boire trois ou
quatre bocks, — plutôt quatre que trois, — en
écoutant de la musique. Très-souvent, c'est une
musique militaire qui joue dans le pavillon placé

17

au milieu du jardin : cela ne choque personne
ici. Quelques-uns de ces jardins, les plus vastes,
ont jusqu'à deux orchestres, qui se relayent
l'un l'autre afin qu'il n'y ait point de temps
perdu. Dans l'un d'eux, j'ai vu un orchestre
composé exclusivement de femmes.

Entre neuf et dix heures du soir, l'heureux
Viennois, digérant avec calme le veau rôti qu'il
vient de manger et rêvant au veau rôti qu'il
mangera demain, va se mettre au lit. La femme-
colosse en fait autant; l'homme-squelette, de
même; on éteint le gaz et les chandelles, et les
impresarii comptent dans la coulisse la recette
de la soirée. Ils ne la changeraient pas, je
vous jure, contre celle de tel grand théâtre de
Paris, jadis impérial, aujourd'hui national, que
je ne prendrai pas la peine de vous nommer,
parce que vous l'avez déjà nommé vous-même.

VIII

La vie à Vienne.

Vienne est probablement la capitale la plus chère de l'Europe. Londres est presque une ville économique, et Paris est certainement une merveille de bon marché en comparaison de Vienne.

Cela tient sans doute à l'Exposition, mais cela tient aussi à d'autres causes plus générales, et notamment à ce que Vienne est une ville de plaisir et une ville d'agiotage. Ici, l'or et l'argent sont d'une rareté extrême ; on ne voit que du papier. Il y a quelque rapport entre ce papier-monnaie, qui représente les sommes les plus faibles, depuis un florin, et les assignats de notre première République. Peut-être la défaveur qui s'attache à ces chiffons de papier et leur dépréciation relative ne sont-elles pas non plus sans influence sur l'extravagante cherté de la plupart des choses dans la capitale de l'Autriche.

C'était bien pis, dit-on, dans les premières semaines de l'Exposition universelle. Je le crois. Les Viennois ont donné là un exemple de rapacité sans pudeur et d'avidité sans scrupule, qui se sent du commerce des juifs dont leur ville est infestée; mais la moralité de la comédie est qu'ils ont été les premières victimes de cette exploitation éhontée. Vienne a tué la poule aux œufs d'or. Les magistrats se sont émus; la municipalité a pris des mesures qu'on nous a racontées; mais la vérité vraie est que la baisse, — une baisse, hélas! trop relative, — s'est produite comme à la Bourse, parce que les valeurs n'étaient plus demandées. Il a fallu en rabattre et mettre de l'eau dans sa bière.

Vous ne pouvez vous figurer tous les préparatifs que Vienne avait faits pour exploiter la riche proie que la Welt-Austellung devait abattre dans ses filets. Beaucoup d'habitants s'étaient mis en mesure de détacher une chambre de leur appartement. On avait bâti de vastes hôtels, dont quelques-uns, comme l'hôtel Tauber, dans la Prater strasse, sont des caravansérails de premier choix pour le luxe, le service et les notes. Un propriétaire trop prévoyant eut l'idée d'en élever un jusque sur le sommet du Kahlenberg, petite montagne qui domine Vienne et qui est un but d'excursions pour les voyageurs amis des vues pittoresques et des souvenirs historiques. C'est du Kahlenberg que s'élança Sobieski, avec le duc de Lorraine et Maximilien de Bavière, pour délivrer Vienne assiégée par les Turcs. C'est au Kahlenberg que Mozart a composé sa *Flûte enchantée*. Le propriétaire de l'hôtel du Kahlenberg avait espéré que les visiteurs de l'Exposition aimeraient à retrouver chaque soir le calme de la nature et le silence de la solitude ; il en est réduit à vendre de la bière aux visiteurs de la montagne.

Un autre spéculateur plus ingénieux avait imaginé de construire, à Ulm, toute une flottille de bateaux-hôtels qui devaient servir d'abord à amener les voyageurs, puis à les loger. Cette idée fit beaucoup de bruit. On s'y intéressa en haut lieu, et l'ambassadeur de Wurtemberg à Vienne obtint pour ces auberges flottantes la permission de séjourner dans le canal du Danube situé derrière l'Exposition. C'est là que je suis allé leur faire visite, en traversant les steppes, les fondrières, les casse-cou, les chantiers et l'espèce de misérable village fondé par les ouvriers qui travaillent à la régularisation du fleuve. La flottille est amarrée le long de la rive, portant en tête le drapeau du Wurtemberg. J'ai visité la *Saxonia* et la *Bavaria*, autant qu'il m'en souvienne. Sur le pont sont les bureaux de l'administration et les salles à manger; en bas, les cabines à un et à deux lits. C'était en plein jour : je n'ai pas vu un seul habitant, mais tous les lits étaient faits, et la fille de service m'a assuré que les cabines étaient louées pour la plupart. Elles coûtent un florin et demi par jour. Je plains les malheureux condamnés à ce *carcere duro*, et ayant à traverser soir et matin, pour aller à l'Exposition ou rentrer dans leur triste cellule, de vastes espaces baignés de soleil et dépourvus de toute apparence d'ombrage.

On a multiplié les tramways, qui déjà sillonnaient la ville, et on les a poussés jusqu'aux portes de l'Exposition. La Compagnie des omnibus de Paris a même établi à Vienne une succursale, et, dans les premiers jours de mai, elle avait mis en circulation vingt-cinq voitures. Je doute que cette entreprise ait été là pour elle une opération très-brillante.

Tout ce qu'on a ouvert de nouveaux cafés-concerts, de nouveaux jardins-restaurants, de nouvelles brasseries musicales, est inimaginable. Le Sperl s'est repeint à neuf. Le Waux-Hall s'est taillé des pelouses, des bosquets, des

ronds-points à n'en plus finir sous les arbres
du Prater. On a fait venir les plus fameux artistes de l'Eldorado. On a bâti le Stadt-Theatre,
une espèce d'Odéon, mais moins lourd, plus
élégant et mieux dirigé que l'Odéon de Paris.
La Patti a chanté à l'Opéra, achevé depuis peu,
et dont il n'est pas bien sûr que le nôtre dépasse les splendeurs. Rossi joue encore au
théâtre *An der Wien*. Offenbach et M. Lecoq,
les *Cent Vierges*, la *Belle Hélène* et la *Timbale
d'argent* remplissent toutes les affiches. Les
Clodoches de Paris eux-mêmes se sont rendus
à Vienne pour la circonstance.

J'oubliais d'ajouter, parmi les mesures prises,
la création de grands baraquements destinés à
contenir environ 4,000 lits, par la direction générale de l'Exposition universelle. Comment
croire que tous ces préparatifs ne fussent point
d'une nécessité pressante, quand les statisti-
ciens les plus infaillibles avaient calculé qu'il
se produirait un mouvement de 40 millions de
personnes sur la seule ligne du Sud ! On rira
longtemps encore à Vienne de la fameuse dépêche annonçant, au mois de juin dernier, l'arrivée de dix mille Américains partis de New-
York par train de plaisir. Comme on ne voyait
rien venir, on remonta à la source, et il se
trouva que c'était un télégramme adressé par

un banquier à l'un de ses correspondants de Vienne, mais où il s'agissait de dix mille dollars et non de dix mille hommes.

Enfin il faut se contenter de ce qu'on a et faire ce que l'on peut. L'exploitation commence dès la gare, par les voitures. Jamais la police n'a réussi à faire entrer ses tarifs dans la tête des cochers de Vienne; ils ont le leur, et eux seuls y voient clair. Triplez les prix de Paris, surtout s'il s'agit d'une voiture à deux chevaux, et vous n'obtiendrez pas encore le total. Pour me faire conduire, avec deux petites valises, de la gare du Sud à l'hôtel, situé, il est vrai, près de la gare du Nord, j'ai dû donner à mon cocher trois florins et demi, et encore ne semblait-il qu'à moitié content. Le florin, comme on sait, a une valeur nominale de 2 fr. 50, et il en est venu à correspondre pour les prix à notre franc. Ce qui coûte 1 franc à Paris coûte généralement 1 florin à Vienne. Les voitures à un cheval, dites *confortables*, valent un peu moins cher; mais le total dépend toujours, pour le voyageur, de l'humeur du cocher.

Je n'ai jamais pu faire un repas, si humble qu'il fût, surtout à l'Exposition, pour moins de trois florins, c'est-à-dire 7 fr. 50. Encore, si l'on veut rester dans ces bornes modestes, faut-il se priver de plusieurs choses dont on ne se prive-

rait pas à Paris dans un déjeuner à 3 francs.
Le vin de champagne coûte au minimum six
florins; mais on peut, — on doit même se passer de champagne. Un prétendu Saint-Julien,
de très-petite famille, dépasse généralement
deux florins la demi-bouteille. Un dessert de
fruits coûte 80 kreutzers, c'est-à-dire 40 sous.
Si vous vous laissez aller, dans un restaurant
d'honnête mine, à manger seulement un potage, un bifteck aux pommes, des petits pois
et des fraises, avec une demi-bouteille de Vos-
lauer, vous en avez pour 5 à 6 florins, suivant
une note que je retrouve dans ma poche.

A Doenbach, qui est le Bougival de Vienne,
dans une gargote où je dînais en compagnie
d'un ami, au milieu d'un bal champêtre de servantes, nous avons obtenu gaillardement, avec
l'éternel veau rôti de la cuisine allemande et je
ne sais quel autre plat analogue, un total de
4 florins, 52. Encore fut-ce à la condition de ne
boire que de la bière et de repousser avec indignation une de ces étroites bouteilles de vin
blanc du pays, semblables à des flacons de par-
fumeur, qui ne contiennent même pas un verre,
et que la carte marquait 1 florin 40. A l'un des
cafés de l'Exposition, avec le même ami, nous
nous asseyons à une table et demandons une
bouteille de bière et une portion de gâteau sec;

mon ami prend deux cigares ; je prends deux
cigarettes, et nous prions le garçon de nous dire
ce qui lui est dû. Là-dessus il tire le crayon qui
reste en permanence derrière son oreille, dé-
chire une feuille de son carnet et dresse laborieusement une note dont la lenteur de rédac-
tion nous fit frémir. Nous en avions pour 1 florin
60, ce qui fait 4 fr. Les cigares étaient cotés
15 sous pièce : ils en valaient trois. Les moindres cigarettes sont d'ailleurs ici à 2 kreutzers, c'est-à-dire 5 centimes, et elles sont loin
de valoir les cigarettes de caporal dont la régie
française nous donne trois et une fraction pour
un sou.

Tout est dans la même proportion, et il est
inutile de multiplier ces exemples. On est quelque temps à se faire à cette indication par florins et par kreutzers sur les cartes : on les prend
d'abord pour des francs et des centimes, et l'on
trouve bien cela un peu cher, mais abordable
néanmoins. Il en résulte que la demi-bouteille
qu'on croyait payer 1 fr. 50, revient à 3 fr. 75.
Cette petite leçon vous apprend à être attentif.
Puis on finit par s'y faire et par trouver bon
marché ce qui, dans les premiers jours, eût fait
pousser des cris d'épouvante.

Les voyageurs peuvent avoir maintenant à
l'hôtel des chambres très-présentables à 3 flo-

rins par jour, en y joignant le service et à la condition de monter un peu haut. Mais la liste des pourboires est interminable. Au moment du départ, vous trouvez rangés sur votre passage la fille de chambre, le garçon de chambre, le commissionnaire qui a brossé les habits et ciré les chaussures, le garçon qui a monté jadis et qui vient de descendre vos bagages, — enfin le haut et puissant personnage qu'on appelle le portier. Le Guide-Joanne règle scrupuleusement ce qu'on doit donner pour chaque jour à chacun de ces employés. Je ne parle pas du garçon de table, qui se paye après chaque repas, ni du concierge de nuit, qui a droit à une rémunération toutes les fois qu'on lui fait ouvrir la porte.

Enfin, j'en vais partir, et j'espère, Dieu aidant, qu'il me restera encore de quoi rentrer en France.

IX

Prague.

Je n'ai jamais ressenti de contraste plus saisissant que celui que m'a fait éprouver la vue de Prague au sortir de Vienne. Le contraste redouble, quand il s'agit du Vienne (ou de la Vienne) de l'Exposition universelle. On vient de quitter une ville de plaisir, élégante, mondaine, frivole, pleine de cafés, de brasseries, de restaurants en plein air, et vide de monuments caractéristiques; en rouvrant les yeux, on retrouve une ville d'un aspect austère, presque farouche, où les souvenirs se dressent à chaque pas, où les monuments sont aussi nombreux que les cafés à Vienne, et les cafés aussi rares que les monuments dans la capitale de l'Autriche.

Prague, d'ailleurs, est une ville à la fois jeune et vieille. Dans celui de ses quartiers qui s'appelle la Neustadt, c'est-à-dire la Ville neuve, elle a des maisons et des rues dignes d'une capitale moderne. Son Graben vaut presque celui de Vienne. A côté de l'antique pont de pierre sur la Moldau, tout chargé de siècles et encombré de statues noires et massives, elle en a ceux ou trois autres bâtis dans le style actuel par des ingénieurs munis de leurs brevets, et ses sombres tours du moyen âge, ses portes, ses palais empreints d'une rouille séculaire s'élèvent au bout d'une rue large et droite, à dix pas d'un hôtel ou d'un magasin qui ressemble à un anachronisme dans cette merveilleuse collection d'antiquités.

Jamais je n'ai vu de si grands souvenirs réunis et évoqués en si peu de place. Ils suffiraient à la gloire de dix grandes villes. La reine Libussa, Podiébrad, le roi Venceslas, saint Jean Népomucène, Jean Huss, Ziska, Jérôme de Prague, Tycho-Brahé, Wallenstein, Chevert, Frédéric le Grand, Charles X, Windischgraetz, Radetzky, la Défénestration, la guerre de Trente ans et la guerre de Sept ans, je ne sais combien de congrés, de traités, de révolutions, de siéges, d'incendies et de bombardements, voilà, pour les prendre au hasard et en les citant pêle mêle,

quelques-uns des noms et des souvenirs que
cette ville extraordinaire évoque à chaque pas,
et qui semblent palpiter encore entre les deux
points extrêmes de son enceinte, — le Wyss-
chrad, première résidence des ducs de Bohême,
et le Hradschin.

Il y a des endroits où l'esprit en est comme
accablé, et où ils se traduisent pour ainsi dire
visiblement aux regards avec une force étonnante. Dans la prison de saint Jean Népomucène, ou sur le vieux pont de pierre, devant sa
statue entourée de cierges, de couronnes et
d'*ex-voto*, au point, doublement marqué par
une grille et par une croix de cuivre sur une
plaque de marbre, où Venceslas IV le fit préci-
piter dans la Moldau, il est impossible de ne pas
voir revivre devant soi l'image du grand évêque.
Quand on débouche tout à coup sur le Gross-
Ring, et qu'on embrasse d'un coup d'œil l'Hôtel
de ville, avec sa grande tour carrée du XVe
siècle, sa petite chapelle gothique et son horloge
astronomique où chaque heure amène le défilé
des douze apôtres; les clochers bizarres de la
Teynkische, le dôme de l'ancienne église des
jésuites, aujourd'hui l'église russe, la colonne
de Marie et les façades originales de quelques
maisons voisines, immédiatement on revoit les
carrousels, les exécutions, les révoltes popu-

laires; on revoit l'évêque utraquiste Augustin distribuant publiquement, au peuple assemblé sur cette place, l'Eucharistie sous les deux espèces, et les Hussites se réunissant au son de la cloche de la grosse tour, pour aller, sous la conduite de Ziska, détruire les couvents et les églises.

A Saint-Vit, dans cette merveilleuse cathédrale dont l'ombre gigantesque domine le palais des empereurs bohèmes, qui porte à chaque pilier la trace des dévastations hussites, protestantes, suédoises, allemandes, magyares et prussiennes, la vieille chapelle de Saint-Venceslas, une église dans l'église, rappelle à elle seule plus de souvenirs que nous n'en pourrions consigner dans ce chapitre. Et si de la cathédrale on passe au vieux palais, c'est bien autre chose encore! Qui pourrait voir sans émotion, telle aujourd'hui qu'elle était alors, la grande salle pavée de briques et prenant jour de trois côtés par d'immenses fenêtres à chacune desquelles on monte par quelques degrés de pierre, où eut lieu la scène connue dans l'histoire sous le nom de *Défénestration de Prague?* En entrant surtout dans le cabinet voisin, où l'on a laissé au chambranle de la porte la marque de la boiserie brisée et de la serrure arrachée, on croirait assister encore à ce sauvage épisode de l'histoire de Bohême. Prague, d'ailleurs, pour le remarquer en passant, s'était fait une spécialité de jeter les gens par la fenêtre. J'ai vu aussi, à l'hôtel de ville de la Neustadt, la tour conique, débris de l'ancien hôtel de ville, par les ouvertures de laquelle, le 17 juillet 1419, le peuple précipita les magistrats sur des piques dressées pour les recevoir.

Il y a tant à voir à Prague, que les touristes négligent généralement la visite du palais de Wallenstein. Ils ont tort. Le palais de Wallenstein, bâti au pied du Hradschin, sur l'emplacement d'un grand nombre de maisons que le célèbre duc fit raser de fond en comble, porte toujours la physionomie du temps, et l'âme de son fondateur y respire partout. Nulle autre apparence extérieure que celle qui résulte de ses vastes proportions. Il est même dans un état de dégradation et de vétusté déplorables. La famille, qui l'habite encore, n'est pas assez riche pour le faire restaurer en entier, et n'a donné ses soins qu'à la partie de ce vaste immeuble qu'elle occupe et où elle reçoit. Mais tel qu'il est, rien ne peut mieux donner l'idée d'une grande demeure seigneuriale du temps passé, avec ses hauts plafonds, ses fresques et ses statues, sa salle à manger d'été, ouvrant par des arcades sur le jardin, sa grotte aux douches, qui, de la

voûte et de tous les côtés, par les mille pointes
de ses stalactites, lançait un déluge de jets. Et
quand on a vu le cheval tigré que le célèbre
général montait à la bataille de Lutzen, et qu'on
garde empaillé dans une petite pièce, ainsi
que la selle décorée d'emblèmes astrologiques
d'après les dessins de Wallenstein lui-même, qui,
comme tant d'autres grands hommes de son
temps, s'occupait fort de sciences occultes, il
semble que, sous les voûtes de son palais silencieux et désert, on ait rencontré le duc de Fried-
land en personne.

Mais l'évocation la plus vive et la plus saisissante est celle de la Judengasse, la ville des
Juifs. On peut sans doute rencontrer ailleurs des
rues aussi étroites, aussi malpropres, aussi en-
combrées, des loques aussi sordides, un aspect
aussi repoussant. J'ai vu vingt fois dans mes
voyages ces *Ghetto* où toute une population
grouillante, sale, âpre au gain, mercantile, usu-
rière, s'entasse et se retranche pour ainsi dire
dans sa puanteur et sa vermine. Mais ce que je
n'avais jamais vu, c'était une synagogue comme
l'Altneuschule, qui remonte au commencement
du XIIe siècle, et qui est bien le plus étrange, le
plus sombre, le plus inextricable et le plus en-
fumé des fouillis qu'on puisse rêver. Le bâtiment sort à peine de terre; il a longtemps été

enterré ; il a été souvent inondé, il a été quelquefois incendié et pillé. On y entre comme dans un
trou. A gauche, le mur épais est percé de
longues et très-étroites embrasures qui font
presque peur : ce sont les ouvertures par où les
femmes, parquées dans l'*esoras nashim* assistent
aux cérémonies de la synagogue.

Le vieux cimetière juif est plus curieux peut-
être encore. Quel entassement, quel fouillis,
quelle collection de pierres aux inscriptions hé-
braïques, tellement empilées les unes contre les
autres qu'il serait presque matériellement impossible d'en mettre une de plus, et enchevêtrées
dans des branches de viornes et de sureaux des-
séchés ! On montre deux pierres noirâtres, les
plus anciennes du cimetière, que les Juifs font
remonter jusqu'à l'an 632. Des grappes de raisin
sculptées en relief indiquent les tombes des
enfants d'Israël, deux mains tournées la paume
en avant, les descendants d'Aaron, et les lévites
sont caractérisés par une cruche. Sur les rebords
et les corniches de quelques tombes s'élèvent
des tas de petites pierres, apportées là en témoignage de respect par les parents et les amis
des défunts, comme les couronnes de nos cimetières.

Il y a deux théâtres à Prague ; voulez-vous
savoir ce qu'on jouait sur tous les deux, le soir

de mon arrivée? *Tricoche et Cacolet*. O civilisation moderne, voilà de tes contrastes! Si j'étais Victor Hugo, je ferais tout un poème sur cette antithèse.

X

Au sortir de Prague, je suis passé par Dresde,
après avoir traversé les sites renommés de la
Suisse saxonne. Quelle chute! La capitale de la
Saxe, malgré la beauté de sa situation, est une
ville absolument sans physionomie, dont la plus
grande partie ne date que de ce siècle, et n'était
sa galerie de tableaux, illustre entre toutes,
elle vaudrait à peine qu'on s'arrêtât en route
pour lui faire visite. Ce n'est pas la peine de se
déranger pour voir une ville qui ressemble au
faubourg Montmartre; mais c'est la peine de
faire cinq cents lieues pour admirer la *Madone
de Saint-Sixte*.

Je me suis longtemps promené par des rues
bordées de hautes maisons, y cherchant le pit-

toresque et ne le trouvant pas, entrant çà et là
dans de vilaines églises que surmontent de
beaux clochers, regardant avec désappointe-
ment le château royal et le Palais japonais, avec
curiosité les brasseries épandues sur les berges
de l'Elbe, avec un certain intérêt le Zwinger, ce
vaste édifice rococo, qui entoure de ses bâtiments une grande place transformée en square,
bordée d'orangers et ornée de la statue en bronze
de Frédéric-Auguste. Les *Guides* surtout vantent le pont principal de Dresde qui a 16 arches
et 550 pas de longueur. Ce qui m'y a le plus
frappé, c'est la nécessité où sont les piétons
de prendre leur droite comme les voitures. En
le traversant, j'avais pris innocemment ma
gauche, sans me douter de rien; je voyais tous
les regards fixés sur moi, avec une stupéfaction
inquiète, et j'avais déjà porté deux ou trois fois
la main au nœud de ma cravate, croyant à
quelque négligence excessive ou à quelque oubli
dans mon accoutrement, quand un agent de
police fendit la foule pour m'enjoindre, du ton
dont il eût parlé à un malfaiteur, d'avoir à passer
de l'autre côté.

De Dresde, je n'ai fait qu'une traite jusqu'à
Francfort. C'est un chemin long, pénible, em-
brouillé surtout pour qui ne sait pas la langue,
et je suis bien aise d'en être sorti, mais j'ai cru

un moment que je n'en sortirais pas. Enfin, je
suis arrivé moulu et exténué dans l'ancienne
ville libre, aujourd'hui prussienne.

Francfort ménage de prime abord une dé-
ception à ceux qui, sur la foi de son nom et
de son histoire, s'attendent à trouver une
vieille cité originale, curieuse et d'un caractère
saisissant. J'ai débuté par voir la Zeil, qui a la
prétention de rivaliser avec les boulevards de
Paris, et les rues voisines, qui s'efforcent de lui
ressembler. Heureusement le vieux Francfort
subsiste encore sur bien des points, surtout du
côté du Mein, et j'ai rendu mon estime à la ville
après avoir parcouru les ruelles avoisinant
la cathédrale et, devant l'hôtel de ville où avait
lieu jadis l'élection des empereurs, la place, entourée de maisons à pignons, où, le jour du couronnement, l'aigle double versait du vin rouge
par un bec et du vin blanc par l'autre, tandis
que la foule dépeçait un bœuf qu'on avait fait
rôtir à petit feu, pendant plusieurs jours, à
une broche gigantesque, et que le trésorier, du
haut d'un cheval, jetait des pièces d'or et d'argent au peuple. La vieille place, comme la
vieille maison de ville, a gardé sa physionomie,
et dans ce cadre historique mon imagination
évoquait le tableau que Gœthe a décrit dans
ses *Mémoires*.

Le coq doré qui surmonte une grande croix de fer sur le vieux pont du Mein, à côté de la statue de Charlemagne, rappelle une légende qui n'a rien de rare. On assure que l'architecte, désespérant de venir à bout de son œuvre, implora le secours du diable; celui-ci le lui accorda à condition que le premier être qui passerait sur le pont lui appartiendrait. Le jour venu, au moment où on allait inaugurer le pont et où l'esprit malin, moins malin que l'architecte, se tenait aux aguets, celui-ci ouvrit un sac et lâcha un coq qu'il y avait enfermé. Le coq se précipita en avant, et fut niaisement happé par le diable qui reconnut trop tard la fraude dont il était victime. Cette légende, nous l'avons dit, se retrouve un peu partout. Devant le Munster d'Aix-la-Chapelle, en particulier, on voit sur un pilier de granit une louve d'airain, probablement d'origine romaine, mais que le peuple explique de la même façon que le coq du pont de Francfort.

Ce que j'ai vu peut-être de plus curieux à Francfort-sur-le-Mein, c'est le berceau d'une dynastie. Je ne parle point du Rœmer, cette grande halle historique où se faisaient les élections des empereurs d'Allemagne, et où S. M. Guillaume Ier a rouvert la série primitivement inaugurée par Charlemagne et fermée par François II : il ne s'agit pas ici de la dynastie des Hohenzollern, mais de celle des Rothschild.

A l'extrémité de la Zeil, qui est le boulevard des Italiens de Francfort, s'ouvre sans transition la vieille rue des Juifs. Je ne connais rien de plus curieux que les rues des Juifs dans la plupart des villes du monde. Quand tout se civilise et s'affadit autour d'elles, elles gardent le caractère et la physionomie des temps passés. C'est là qu'il faut aller pour retrouver quelque trace de ce que le marteau des *embellisseurs* jette bas, aux applaudissements des commis-voyageurs et aux cris de malédiction des archéologues. Les Juifs sont de grands conservateurs, qui poussent même, comme on sait, l'amour des vieilles choses jusqu'à thésauriser, dans leurs rues et leurs maisons, la poussière, les trognons de choux et les toiles d'araignée.

A Prague, cette ville étonnante, tout hérissée de souvenirs farouches, où l'on ne peut faire un pas sans croiser un fantôme tragique qui vous regarde de ses yeux éteints et vous fait signe de le suivre, comme l'ombre du père d'Hamlet à son fils, je venais de voir un quartier des Juifs qui est une immense friperie, toute grouillante de vermine humaine, merveilleuse de puanteur et de saleté, avec une synagogue horrifique qui ressemble à une caverne de voleurs,

et un ancien cimetière, indescriptible chaos de
dalles noircies, fendues, rongées par le temps,
et de pierres tumulaires semblables à des bornes
vomies du sol dans une convulsion de la nature
et écroulées les unes sur les autres. La rue des
Juifs de Francfort n'a point, ou du moins n'a
plus tout à fait un aspect aussi prodigieusement
pittoresque, et la description qu'en a faite Victor Hugo, dans *le Rhin*, où il nous montre ces
« deux longues rangées de maisons de bois
noires, sombres, hautes, sinistres, parallèles,
presque pareilles,... compactes et comme ser-
rées avec terreur les unes contre les autres »,
n'est plus juste qu'à moitié. Tout le côté droit
est démoli aujourd'hui, et il entre un peu d'air
et de lumière dans ces maisons sinistres, tout
effarouchées de se voir exposées au regard du
passant, comme des oiseaux de nuit surpris par
le soleil. Mais le côté gauche est resté ce qu'il
était autrefois.

C'est là, au numéro 148, s'il m'en souvient
bien, — le numéro est écrit sur le mur avec un
charbon ou un pinceau trempé dans la suie, —
dans la troisième maison à partir de la synagogue, que naquit, en 1743, d'un brocanteur vulgaire, Mayer-Anselme Rothschild, fondateur de
la dynastie, mort en 1812, avec une fortune de
plusieurs millions de florins. C'est là aussi

qu'est né et qu'a grandi, en compagnie de ses neuf frères ou sœurs, le baron James de Rothschild, mort à Paris, le 15 novembre 1868, laissant un modeste héritage d'un milliard sept cents millions. C'est là qu'a voulu demeurer jusqu'à la fin de sa vie, dédaignant les lambris dorés (et même d'or pur) que pouvaient lui offrir ses enfants, la mère des Rothschild, morte en 1849.

La maison n'a rien d'un palais, je vous assure. Elle est en bois, comme les autres, sombre et sale comme elles, un peu plus large seulement que ses voisines. Sa devanture est recouverte d'ardoises. Le cachet du brocantage y est encore imprimé. Elle semble faite pour qu'on y vende éternellement des loques, des chiffons, de la ferraille et des cuirs. Il est intéressant de la comparer aux magnifiques comptoirs que les Rothschild de Francfort occupent maintenant à quelques pas de là, en se rapprochant de la Zeïl.

Il paraît que le baron James de Rothschild garda jusqu'à la fin de sa vie des goûts qui, sur certains points, se sentaient de la vieille rue des Juifs. Un des cordons-bleus les plus en faveur dans l'office de la rue Laffite était une bonne grosse Allemande des environs de Francfort, chère au baron par son talent hors ligne pour

accommoder la choucroute, — une choucroute
non garnie, j'aime à le croire, car la famille de
Rothschild est toujours, dit-on, restée fidèle aux
plus sévères prescriptions de la loi judaïque,
qui ne tolère ni le jambon, ni la saucisse, même
comme assaisonnement de la choucroute.

Un peu plus loin, dans la vingtième maison
après la synagogue, quelques touristes vont
voir le lieu de naissance de Louis Bœrne, né
Juif et converti plus tard au protestantisme. Ils
sont moins nombreux que pour la maison des
Rothschild, car la puissance de la plume n'égale
pas celle de l'argent, et Bœrne, bien qu'il ait
longtemps résidé et écrit en France et sur la
France, n'est pas aussi connu de nous aujour-
d'hui que de ses compatriotes. Cet oubli est de
l'ingratitude, car Bœrne fut le plus spirituel et
le plus mordant auxiliaire de Henri Heine dans
sa croisade contre la Prusse et contre les *man-
geurs de Français.*

Joanne signale la maison de Louis Bœrne à
la curiosité des touristes; mais Bœdeker, le
Joanne d'outre-Rhin, se garde bien, en bon
Allemand qu'il est, de souffler mot du berceau
qui couva ce maudit. J'avais d'abord pris pour
cicérone à Francfort un Prussien pur sang,
frotté d'une teinte d'érudition, un de ces
hommes qui sont persuadés, d'après le poëte

Kœrner, que le rouge dans l'uniforme prussien signifie le sang français, et dont la haine, non-seulement contre notre pays, mais contre toutes les races latines, remonte au supplice de Conradin de Hohenstauffen, voire aux luttes d'Arminius contre les Romains. Je ne pus jamais obtenir de lui qu'il me conduisît à la maison Bœrne : il ne la connaissait pas, cela n'en valait point la peine, Bœrne était bien oublié aujourd'hui, personne ne s'occupait de sa maison, etc., etc. Le lendemain, je pris un nouveau guide indigène, qui me dirigea tout droit sur cette vilaine masure, en me confiant à l'oreille qu'il avait servi jadis six années en Afrique dans la légion étrangère et qu'il avait beaucoup d'amis parmi les turcos.

Mais une maison que Francfort montre avec plus d'orgueil que celle de ce pestiféré, avec plus de fierté même que le berceau des rois de la finance, c'est la maison bourgeoise de la rue Grosse-Hirschgraben (Fossé des cerfs) où naquit, le 28 août 1749, le futur auteur de *Faust*. Sans être précisément un fanatique de l'olympien Gœthe, je n'ai point manqué à ce pèlerinage, qui s'impose à tout voyageur lettré.

La maison a une apparence placide et cossue. Au centre s'ouvre une porte à deux battants sur un perron de quelques marches, flanquée à

droite et à gauche de trois fenêtres grillées. Les
deux étages supérieurs, qui surplombent, présentent chacun une rangée de six fenêtres. Un
troisième étage, percé de trois ouvertures cen-
trales et de deux autres qui s'ouvrent en saillie
sur la toiture, est surmonté d'un petit fronton
avec une nouvelle fenêtre et un œil de bœuf
dans le triangle supérieur.

Il me semble qu'on ne saurait mettre plus de
conscience dans la description d'une façade.
Je crains même d'avoir poussé la conscience
un peu trop loin, d'autant plus que ladite
façade, je dois en prévenir loyalement le lecteur, n'est pas tout à fait contemporaine de la
naissance de Gœthe. En 1749, une partie de
l'emplacement que recouvre aujourd'hui cette
habitation historique était occupée par une
maisonnette, qui a disparu sans laisser de
traces, mais non sans laisser de souvenirs, car
elle fut elle-même le berceau de Klinger, le
poëte exalté, effervescent, tumultueux, né en
1752, d'un soldat du régiment de la ville, et
mort en Russie, revêtu des plus hauts titres et
des plus grands honneurs. Malgré tous ses feux
et ses pétillements, ce météore, qui parut un
moment vouloir incendier l'horizon littéraire, a
été bien absorbé dans l'éclat tranquille et profond du soleil voisin, et on ne songe guère à lui

en allant visiter la maison de la rue Grosse-
Hirschgraben. Mais Gœthe n'avait que six ans
lorsqu'on agrandit l'habitation paternelle, en
lui donnant la forme qu'elle a gardée jusqu'à ce
jour, et il en posa lui-même de ses petites mains
la première pierre, qu'on peut voir encore dans
la cave.

La maison de Gœthe, acquise en 1863, comme
« propriété du peuple allemand », est devenue
le siége d'une académie libre, spécialement consacrée à la gloire du poëte. On s'est attaché à
en rétablir les moindres détails tels qu'ils
existaient dans sa jeunesse et qu'il les a décrits
dans ses *Mémoires*, puis on en a fait un musée
consacré au culte du dieu et où l'adoration va
jusqu'au fétichisme.

Poussons la porte et prenons notre billet au
rez-de-chaussée. La visite coûte 36 kreutzers,
et on paye en entrant. Un escalier large, carré,
en pierres de taille, avec balustrade en fer
forgé où se dessinent les initiales de la mère
de Gœthe, conduit au premier étage. Là s'étend
le vaste salon de famille, maintenant salle de
lecture ou de cours pour l'Académie, qui est en
même temps une Université. Au deuxième,
dans une grande chambre qui prend vue par
trois fenêtres sur la rue, tout bon Allemand
commence à se sentir doucement ému en

contemplant le bureau, les massifs fauteuils rouges, la table à café, le métier à dentelles de madame Gœthe mère : ce ne sont là pourtant que les petites reliques. La chambre particulière du père est à côté de cette chambre de famille. A sa droite s'ouvre une pièce mesquine, éclairée par deux étroites fenêtres sur la cour. Profanes, saluez; fidèles, prosternez-vous! Là naquit le dieu !

Montons un étage pour trouver l'appartement qui était spécialement réservé à Gœthe : sa chambre à coucher et son cabinet de travail. C'est dans celui-ci, qui occupe la base du fronton, qu'il écrivit ses ouvrages de jeunesse : *Gœtz de Berlichingen*, *Werther*, *Clavijo*, *Stella*, pour ne nommer que les principaux. Les deux chambres sont consacrées à son apothéose. On y a accumulé les bustes, gravures, masques et moulages, les souvenirs personnels du poëte et les grandes reliques. Vous y verrez sous verre, à côté de sa boîte à thé, de sa bague, de quelques cheveux, jusqu'à sa casquette, — une horrible casquette plate, aussi dépourvue de poésie que possible. Il faut une gloire bien solide pour résister à l'imprudente exhibition d'une pareille casquette, et j'ai peine à croire que l'enthousiasme des plus fanatiques sectaires de Gœthe n'en reçoive pas un coup violent. On en-

trevoyait comme en rêve le chantre de Marguerite couronné d'une auréole, et tout à coup, sur
le nimbe du poëte, le gardien du musée plante
brusquement en guise d'éteignoir, ce grotesque
et abominable couvre-chef. Pourquoi pas son
bonnet de coton? Voilà à quelles trahisons peut
aboutir un zèle excessif et maladroit !

Je devais rentrer en France par Mayence et
Metz. Mon commissionnaire et le portier de
l'hôtel s'étaient trouvés d'accord pour m'assu-
rer, qu'un train express, se dirigeait sur
Mayence à huit heures quarante-cinq du soir.
J'avais fait mes malles, payé ma note, pris une
voiture, et je m'étais fait conduire à la gare. Là,
après avoir attendu un quart d'heure l'ouverture des guichets, j'apprenais de l'employé qu'il
n'y avait de train pour Mayence que le lendemain à six heures du matin. Après m'avoir
laissé pester tout mon soûl, me voyant si en
peine, il eut pitié de moi, et ajouta qu'il allait
partir dans vingt minutes un train pour Strasbourg. Je saisis la balle au bond. J'étais déjà
passé par Strasbourg en entrant en Allemagne ;
mais j'y gagnais de me retrouver en France qua-
rante-huit heures plus tôt, et, après le premier
moment d'irritation, j'ai béni l'heureuse faute
de mon portier.

Je n'ai point le courage de vous parler du

Strasbourg prussien. Mais que c'est long, le trajet de Strasbourg à la nouvelle frontière de France! Trois heures en train omnibus, trois heures interminables qui semblent calculées de façon à prolonger le supplice du voyageur patriote et à lui retourner le fer dans la plaie! A chaque station, d'immenses files de wagons où l'on reconnaît notre ancien matériel, et qui portent en grosses lettres les mots *Elsass-Lothringen*. Il semble aux Français assis sur les coussins des wagons annexés que nos vainqueurs font durer le plaisir le plus longtemps qu'ils peuvent. Je n'ai jamais mieux et plus cruellement apprécié tout ce que nous avons perdu à cette guerre maudite et de combien le sol de la patrie s'est raccourci sous nos pas. Aussi la voix du fidèle Achate criant *Italiam! Italiam!* n'a-t-elle pas retenti plus délicieusement à l'oreille d'Énée que n'a résonné à la mienne le coassement de l'employé prussien annonçant *Avricourt* et la France.

TABLE

Huit jours dans les Vosges..............   3

De Paris à Madrid.......................   49

I. — Bordeaux et Bayonne : dix minutes d'arrêt.   51

II. — L'entrée en Espagne. — Guétary et la Côte
de fer. — Saint-Jean de Luz. — La Bidas-
soa   61

III. — Irun et Saint-Sébastien. — Premiers accès
de couleur locale.......................   67

IV. — Vitoria et Burgos. — La ville du Cid. — Pé-
ripétie tragique et imprévue.   81

V. — Coup d'œil sur le paysage espagnol. — Les
sites du Guadarrama. — Avila. — Madrid.   110

VI. — L'Escurial. — Valladolid. — La cuisine espagnole..................................   142

VII. — Terre ! Terre !.......................   172

Simple coup d'œil sur Londres   183

A TRAVERS L'ALLEMAGNE ET L'AUTRICHE-HONGRIE 229

I. — Grandeur et décadence de Bade........... 231

II. — Les étudiants de Heidelberg. — Les soldats français du cimetière d'Ulm............... 238

III. — Augsbourg. — Les Fugger. — Un déjeuner au café Musbeck 245

IV. — Munich. — Voyage de découverte à la recherche des Vieux-catholiques........... 255

V. — Pesth à vol de touriste................. 268

VI. — Le Shah à Vienne................. 276

VII. — Le Prater et le Wurstel-Prater........... 285

VIII. — La vie à Vienne 290

IX. — Prague....................... 300

X. — Francfort-sur-le-Mein................ 308

FIN DE LA TABLE

PARIS. — IMPRIMERIE DE E. MARTINET, RUE MIGNON, 2.